DIE WAHRHEIT IST DER BESTE KRIMI

SEX AND CRIME

DIE WAHRHEIT IST DER BESTE KRIMI

KLAUS PÜSCHEL/
/BETTINA MITTELACHER

ELLERT & RICHTER VERLAG

Hamburger Abendblatt

WENN SEX BÖSE MACHT

Vorbemerkung

Money makes the world go round. Dieser Vers aus dem Song „Money Money“ des Musicals „Cabaret“ ist zum geflügelten Wort geworden. Geld regiert die Welt. Es klingt wie eine Tatsache, die man gut finden oder bedauern mag.

Money makes the world go round? Wer sich professionell mit Verbrechen beschäftigt, sei es als Rechtsmediziner, als Ermittler, Jurist oder auch als Reporter in Strafprozessen, weiß, dass es eine noch viel stärkere, elementare Stimulanz im menschlichen Leben gibt. Eine Trieb-Kraft, im Wortsinn: der Sex. Sex makes the world go round.

Was ist das „primum movens“? Was bewegt den Menschen, wann, wie, wo und warum zum Verbrecher zu werden? Seit Anbeginn der Menschheit haben dunkle Mächte die Geschichte bestimmt: Machtstreben, Gewalt, Hass, Habgier ... und eben vor allem auch der Sex.

Was ursprünglich eine Frage des Überlebens war, die Fortpflanzung, die Weitergabe des Erbguts, verbunden mit dem Fortbestehen der Menschheit, wurde im Lauf der Jahrtausende zu einem alles bestimmenden und besetzenden Zielfaktor unseres Daseins – während der Fortpflanzungstrieb zunehmend verkümmerte. So wunderschön und erfüllend Sex sein kann, so zerstörerisch kann er für manche Menschen werden. Unzählige schwerste Straftaten zeugen davon, bis hin zum vielfachen Mord.

Und so landen dann die Opfer jener Verbrecher, die auch Triebtäter genannt werden, auf den Obduktionstischen der Rechtsmediziner. Sie sind die Ärzte für die Schattenseiten des menschlichen Lebens. Sie untersuchen die (über-)lebenden und toten Opfer von sexueller Gewalt.

In den Opfern lesen wie in einem Buch, die verängstigten, geplagten, schweigenden Menschen und auch die Toten zum Sprechen zu bringen – das ist das Credo der Rechtsmedizin.

Die Leiden und die Vorgeschichte der Verletzten, der Missbrauchten und der Toten zu rekonstruieren, das ist das Ziel. Und zu einer gerechten Verurteilung des Verursachers und zur Prävention weiterer Taten beizutragen.

Dahinter steht dann stets die Frage nach dem Warum. Warum hat gerade dieser Täter das getan? Was hat ihn bewegt? Was hat er sich vorgestellt? Was geht in seiner Fantasie vor? Wie arbeitet seine Psyche? Und was hat das Opfer bei ihm selbst bewegt, was hat die Tat mit ihm selbst gemacht? Nie wieder ...? Oder: immer wieder ...?

Rechtsmediziner wissen: Bei Verbrechen gibt es nichts, was es nicht gibt! Alles war schon da. Alles kommt wieder. Sätze wie „Das wird niemals wieder vorkommen“ oder „Das hätte ich dem nie zugetraut“ sind leider unglaubwürdig. Jeder kann es gewesen sein. Und ebenso gilt: Jeder kann auch Opfer werden, völlig unerwartet.

Zunächst muss man feststellen: All dies ist (auch) eine Sache der Definition, der Regeln und Gesetze, die wir uns selbst geben. Bestimmte Extremformen von Sexualität (aus heutiger Sicht) waren nicht immer und überall verboten. Sitten und Gebräuche ändern sich. Gesetze werden von Menschen gemacht, von Kontinent zu Kontinent, von Land zu Land anders. Homosexualität, Abtreibung, Prostitution, Pornographie und vieles andere mehr werden je nach Kultur und Gesellschaft mit einem wechselnden Verständnis gelebt und entsprechend unterschiedlich beurteilt und somit verurteilt.

Aber auch Vielfalt hat ihre Grenzen: dort, wo die Freiheit und die Aktion des einen mit der Selbstbestimmung des anderen und dessen Unversehrtheit kollidiert.

Sexuelle Aspekte und Lustvorstellungen spielen für die Menschen eine herausragende Rolle.

- Sex bedeutet den Menschen extrem viel.
- Sex ist der Motor der Evolution.
- Sex erregt und bewegt die Fantasie.
- Sexualhormone bestimmen nicht nur unser Gefühlsleben, sondern unsere Handlungsweisen.
- Sex macht Spaß, Sex ruft die höchsten Lustgefühle hervor.
- Sex macht einige auch süchtig, sexsüchtig.

- Sexsymbole erregen unsere Aufmerksamkeit.
- The „sexiest woman/man alive“ wird für viele zu einem Vorbild.
- Sexspiele garantieren für die Betreiber einen hohen wirtschaftlichen Umsatz.
- Unerfüllte sexuelle Wünsche und Fantasien können zur Motivation und zum Motor eines Verbrechens werden.
- Es gibt immer wieder Sex-Monster.
- Sexuelle Macht „macht an“.
- Sexuelle Präferenzen sind zunehmend variabel.
- Sex sells.

Für manche Menschen fallen dann alle Schranken. Grenzen verschwimmen, Übergänge zu einem normalen und unauffälligen Leben sind fließend. Vieles spielt sich in Grauzonen ab oder auch im Dunkeln oder, bezogen auf das Internet, im sogenannten Darknet. Extreme Ausbrüche und Grenzüberschreitungen sind immerhin (noch) vergleichsweise selten.

Aber: Sie verschwinden nie ganz. Vielleicht nehmen sie sogar zu. Es gibt sie, auch in scheinbar idyllischen Umgebungen auf dem Land oder in kleinen Dörfern. Über das Internet erreichen Missbrauchsmöglichkeiten die Menschen überall.

Die alltägliche Arbeit in der Rechtsmedizin geht heute ganz erheblich und überproportional mit der Untersuchung, Aufklärung und Beurteilung von Fällen einher, die von sexuellen Motiven und Übergriffen gekennzeichnet sind. Gesetzesüberschreitungen und Motivlagen, bei denen sexuelle Aspekte eine zentrale oder zumindest mitbestimmende Rolle spielen, betreffen einen großen Teil der rechtsmedizinischen Routine: zum Beispiel bei sexuellem Missbrauch von Kindern, Nötigung, Vergewaltigung, Unzucht mit Abhängigen, Pädophilie, Inzest, Homosexualität, (illegaler) Prostitution, sexueller Sklaverei, ritueller sexueller Gewalt, Menschenhandel, Sodomie, sexuell motivierten Verletzungen, Entführung, Tötungsdelikten, Mord zur Befriedigung des Geschlechtstriebs („Lustmord"), Serientaten, Kriegsvergewaltigungen.

In Zusammenhang mit Sexspielen und Sexualverbrechen gibt es alles, was im weiten Spektrum der Rechtsmedizin relevant ist. Es gibt alle möglichen Formen der Gewalt, der Ausübung von Zwang sowie der Beeinflussung durch Substanzen wie Alkohol und Drogen bis hin zu K.o.-Tropfen und Narkosemitteln. Weiterhin sind aufzuführen: (Selbst-)Verletzungen, Unfallmechanismen, Fremdkörper an allen möglichen Stellen des Körpers und in allen Körperöffnungen, Tätowierungen, Fixierung, Fesselung, Todesfälle, Tötungsdelikte, Leichenverstümmelung und -zerstückelung, Kannibalismus.

Sexuell motivierte Verbrechen haben stets eine kriminalistische, psychologische und medizinische Dimension. Art und Ausmaß der praktizierten Gewalteinwirkung sind bizarr und extrem. Sie richten sich bevorzugt auf die primären und sekundären Geschlechtsorgane, sind aber auch gekennzeichnet von Aspekten des Quälens, des Schmerzzufügens und der Machtausübung. Macht spielt im sexuellen Bereich eine bevorzugte Rolle. Insgesamt muss man bei Sexualverbrechen immer wieder feststellen: Die Täter nehmen keinerlei Rücksicht auf die Psyche des Opfers. Ob es leidet, ob es Schmerzen hat, ob es hilf- und wehrlos ist, spielt bei der Durchsetzung der sexuellen Fantasie anscheinend überhaupt keine Rolle. Das Opfer wird entpersonifiziert. Zuwendung oder Empathie sind bei einem solchen Täter nicht vorhanden. Betroffen sind Erwachsene, aber auch kleine Kinder ebenso wie Gebrechliche, Bewusstlose und sogar Tote. Für die Aufklärung ist bedeutsam, dass Sexualverbrechen manchmal vorgetäuscht werden, um eine eigentlich zugrunde liegende Motivation zu kaschieren und damit eine falsche Spur zu legen.

Wie Sex zur Triebfeder bei extremen Verbrechen werden kann, wie hinter scheinbar gutbürgerlichen Existenzen das Böse lauert, zeigen Verbrechen, die uns bis ins Mark erschüttern.

Für den Auftakt unserer neuen „True-Crime“-Buchreihe „Die Wahrheit ist der beste Krimi“ haben wir Fälle ausgewählt, die wir für besonders beeindruckend und in vielfältiger Hinsicht für exemplarisch halten beim Thema „Sex and Crime“. Sie zeigen das breite Spektrum der Verbrechen aus sexueller Motivation.

Über manche der Verbrechen ist in anderem Zusammenhang, auch von uns, schon geschrieben worden. In diesem Buch aber betrachten wir die einzelnen Taten, Täter und Opfer aus einem speziellen Blickwinkel: Hier stehen das abweichende Sexualverhalten sowie das bizarre Sexualverbrechen als zentrale Botschaft im Hinblick auf die Ursache von Kriminalität im Fokus.

Denn Sex bewegt die Welt. In jeder Hinsicht.

DAS BÖSE IST ÜBERALL

Für gläubige Menschen manifestierte sich das Böse jahrhundertelang in der Gestalt des Teufels und seiner Dämonen. Doch das Böse ist viel banaler – und auch raffinierter. Es kann überall nisten, hinter einem scheinbar freundlichen, zugewandten Blick, hinter den Gardinen eines vermeintlich gutbürgerlichen Hauses, hinter der Fassade eines Lebens, das solide und moralisch gefestigt erscheint. Irgendwo lauert das Bestialische, vielleicht gerade dort, wo wir es am allerwenigsten erwarten.

Und so kann jeder Opfer werden. Manchmal sucht sich der Täter aus seinem persönlichen Umfeld seine Opfer, um sie bei einer sich ihm bietenden Gelegenheit gezielt anzugreifen. Andere werden zum Opfer, weil sie zufällig den Weg eines Gewalttäters streifen, der auf eine Gelegenheit lauert, um seine Fantasien auszuleben.

Das Böse ist überall.

Es kann zum Beispiel daherkommen in der Person des Hans-Jürgen S. Der Mann ist ein 64 Jahre alter

Maurer, der zusammen mit seiner 90-jährigen Mutter in einem Reihenhaus wohnt. Hierhin ist er nach der Trennung von seiner Frau, mit der er zwei Töchter hat, gezogen. Die Nachbarn beschreiben den Norddeutschen als „auffällig unauffällig". Er ist bereits Großvater. Groß und stämmig ist er, mit gepflegten grauen Haaren und grauem Bart. Bilder von früher zeigen ihn mit wuscheligem vollem Schopf und einem dunklen Vollbart. Er spielte damals in einer Fußballmannschaft, galt aber eher als Einzelgänger.

Am 5. April 2011 nehmen Beamte der Mordkommission Kiel den Handwerker in Henstedt-Ulzburg fest: Hinter der gutbürgerlichen Fassade verbirgt sich ein Serienmörder. Auf seine Spur kommt die Mordkommission, als 2010 ein sogenannter Cold Case wieder aufgerollt wird. Es handelt sich um einen Mordfall aus dem Jahr 1984. Die achtzehn Jahre alte Schwesternschülerin Gabriele S. wurde vergewaltigt und dann mit ihrem eigenen Schal erdrosselt. Nun, sechsundzwanzig Jahre nach dem Mord, führt die Polizei DNA-Reihenuntersuchungen durch. Männer aus dem Umfeld des Opfers müssen Speichelproben abgeben, die mit DNA-Spuren vom Tatort abgeglichen werden. Dabei fällt den Experten des Landeskriminalamts eine Probe auf, die zwar nicht identisch ist mit jener vom Tatort. Doch die Spezialisten sind sich sicher, dass bei einem sehr nahen Verwandten der Treffer mit der hundertprozentigen Übereinstimmung zu finden sein wird. Und tatsächlich: Es war der Bruder. Dieser war bei der Polizei kein Unbekannter. Nach der Vergewaltigung einer Hamburger Prostituierten hatte er 1994 eine einjährige Bewährungsstrafe erhalten.

Nach seiner Festnahme gesteht Hans-Jürgen S. sehr schnell die Vergewaltigung und den Mord an Gabriele S. – und überrascht die Beamten, als er kurz danach vier weitere Verbrechen zu Protokoll gibt. Es sind Morde, die er zwischen 1969 und 1984 im Hamburger Norden und in Schleswig-Holstein begangen hat, auch sie aus sexueller Motivation. Er hatte seinen Zufallsopfern im Bereich von Bushaltestellen oder in der Nähe von Diskotheken aufgelauert. Zwei dieser Sexualmorde ereigneten sich 1969 in Hamburg-Langenhorn, die weiteren in den Jahren 1970 und 1972. Mit dem Verbrechen an Gabriele S. beging Hans-Jürgen S. dann schließlich seine letzte Tat.

Der Schleswig-Holsteiner ist nun endlich, zweiundvierzig Jahre nach seinem ersten und siebenundzwanzig Jahre nach seinem letzten Mord, gefasst. Dass er selbst nach wie vor unter hohem inneren Druck stand, ist daraus abzulesen, dass er nach seiner Festnahme alle weiteren Morde aus eigenem Antrieb berichtete. „Er wollte reinen Tisch machen", sagt der Chef der Mordkommission. Über seine Anwälte lässt Hans-Jürgen S. später ausrichten, dass er die Zeit zwischen 1969 und 1984 nunmehr „als eine unfassbare Phase seines Lebens" empfinde. Er sei inzwischen „ein anderer Mensch" geworden.

„Es ist über mich gekommen. Ich habe die Kontrolle verloren." Dies sind seine Angaben in den Vernehmungen. Seinen ersten Mord beging er im Frust auf Frauen, von denen er immer Absagen kassiert habe. „Da hat das Mädchen dran glauben müssen", sagt er lapidar über den ersten Fall von 1969. Später gab es Probleme in seiner Ehe, die ihn zu den nächsten Verbrechen trieben.

Der Richter beschreibt den zweifachen Vater und Großvater als einen Mann, der schon als Jugendlicher Frauen gegenüber unsicher war. Mit siebzehn Jahren entwickelte er dann sexuelle Gewaltfantasien. „Er träumte nachts im Halbschlaf, Mädchen mit Gewalt zu nehmen, und fühlte das wie einen Zwang“, sagt der Richter in seiner Urteilsbegründung. „Dabei stellte er sich Situationen vor, in denen die Mädchen sich nicht wehren oder nicht schreien konnten.“ Die ersten vier Opfer hat Hans-Jürgen S. stranguliert. Zwei seiner Opfer aus dem Jahr 1969 wurden in der Hamburger Rechtsmedizin obduziert. Die schon damals durchgeführten sehr umfangreichen, aber letztlich unspezifischen spurenkundlichen Untersuchungen ergaben lediglich einen Spermiennachweis sowie Blutgruppenmerkmale. Der DNA-Abgleich war noch lange nicht „erfunden“.

Die Angehörigen der Opfer schildern im Zusammenhang mit dem Mordprozess von 2011 in Kiel die Traumata der Familien. Auch noch drei und vier Jahrzehnte nach den Taten waren die Verbrechen ein Thema in den Familien. Der Verlust des geliebten Menschen, die Frage nach dem Warum und der quälende Gedanke, dass der Täter noch frei herumläuft: Sie haben die Angehörigen nicht zur Ruhe kommen lassen. Jetzt endlich können die Familien einen Abschluss finden. Ein besonderes Problem: Zeitweise vermutete die Polizei den Täter im Umfeld der Familie. So wurde der Albtraum noch schlimmer und belastender.

Der Serienmörder, der fünf Frauen getötet hat und erst siebenundzwanzig Jahre nach der letzten Tat überführt worden ist, erhält vom Kieler Landgericht eine lebenslange Freiheitsstrafe (ohne dass die sogenannte „Schwere der Schuld“ festgestellt wurde). Insofern könnte Hans-Jürgen S. theoretisch nach fünfzehn Jahren, wenn er achtzig Jahre alt ist, wieder in Freiheit kommen.

Ein anderer Mann hat für einen Sexualmord, den er nicht begangen hat, einunddreißig Jahre unschuldig im Gefängnis verbracht. Dirk K. wurde um sein halbes Leben betrogen. Für einen Mord im April 1985 an einem sieben Jahre alten Jungen war er 11 000 Tage lang der Freiheit beraubte. In einem spektakulären zweiten Verfahren erfolgte schließlich der Freispruch.

Eine Woche nach dem Gewaltverbrechen, bei dem ein kleiner Junge halb entkleidet und tot in einem Gebüsch gefunden worden war, hatte die Polizei den Aushilfsgärtner Dirk K. festgenommen. Er geriet in Verdacht, weil er schon früher sexuelle Kontakte zu Jungen gesucht hatte. Der junge Verdächtige ist geistig behindert, sein Intelligenzquotient wird auf 74 eingestuft. Bei intensiven Vernehmungen gesteht er die Tat sehr pauschal und wird dann nach einer sehr kurzen Verhandlung verurteilt. Wegen seiner intellektuellen Einschränkungen gilt der junge Mann als schuldunfähig; er wird in die geschlossene Psychiatrie eingewiesen, zeitlich unbegrenzt. Bei der Gerichtsverhandlung und später immer wieder widerruft der Mann sein Geständnis und beteuert seine Unschuld.

Er wird deswegen als uneinsichtig sowie nicht therapierbar eingestuft. Für ihn und seine psychiatrischen Gutachter ist dies eine Art Teufelskreis. Der Eingesperrte fühlt sich unschuldig und ist ja auch unschuldig. Aber die Gutachter stufen dies als Lebenslüge ein, weil sie davon ausgehen, dass die Feststellungen im Gerichtsurteil zutreffen. Dadurch wird eine ansonsten mögliche positive Prognose verhindert. Und so verbleibt dieser Mann drei Jahrzehnte lang hinter den Mauern, den verschlossenen Türen und Gitterstäben des Gefängnisses, bis sein neuer Anwalt und die Hamburger Rechtsmedizin diesen Fall nach so langer Zeit völlig neu aufrollen.

Anlass dazu ist ein Geständnis, das ein anderer junger Mann aus freien Stücken zunächst bei seiner Psychiaterin, dann auch bei einem Anwalt und bei der Staatsanwaltschaft ablegt, welches im Detail zu den objektiven Beweismitteln passt. Insbesondere geht es dabei um die Verletzungen und die Todesursache des Jungen. Das Gericht hatte Messerstiche in den Hals noch als postmortale Tiereinwirkung abgetan. Von diesen sehr speziellen Halsverletzungen hatte der ursprünglich Verurteilte in seinem Geständnis nie etwas erwähnt. Eine Reihe weiterer Details unter anderem im Hinblick auf das Verletzungsmuster des getöteten Jungen führen letztlich dazu, dass der Mord an dem kleinen Jungen neu aufgerollt wird.

Jetzt wird Dirk K. vom Landgericht Dortmund freigesprochen und erhält eine hohe Entschädigungssumme für die erlittene Zeit hinter Gittern. Das Fehlurteil hat einen Mann getroffen, der sich wegen seiner geistigen Einschränkungen kaum wehren konnte. Umso mehr muss beeindrucken, was der Beschuldigte in seinem letzten Wort, das von seinem Verteidiger verlesen wird, sagt. Er beteuert erneut, er habe den Jungen nicht getötet: „Der Mörder läuft frei herum."

Und der Mord an dem Siebenjährigen bleibt auch weiterhin ungesühnt. Der Mann, der bei der Staatsanwaltschaft aus freien Stücken ein Geständnis abgelegt hat, widerruft dieses später. Da es keinerlei Zeugen und keine objektiven Beweismittel gibt, wird gegen ihn jetzt keine Anklage erhoben – obwohl Mord nicht verjährt. In seinem Fall gilt: „In dubio pro reo."

Oder erinnert sei an den Fall Birgit Meier. Diese wurde im Jahre 1989 von Kurt-Werner W. entführt und gefangen gehalten. Sie wurde sexuell malträtiert und dann durch einen Kopfschuss getötet. Den Leichnam hat der Mörder unter seiner Garage vergraben und einbetoniert. Dieser Fall wurde von der Polizei lange als Vermisstensache behandelt. Das Verbrechen wurde erst 2017 aufgeklärt, als der Leichnam der Frau von einem privaten Ermittlerteam gefunden und ausgegraben wurde, einem Team von ehemaligen erfahrenen Kriminalbeamten, Juristen und Rechtsmedizinern.

Weitergehende Ermittlungen und Analysen haben inzwischen ergeben, dass Kurt-Werner W. sehr wahrscheinlich auch der ominöse Göhrde-Mörder war, der 1989 innerhalb weniger Wochen zwei Liebespaare tötete. W. ist vermutlich auch für zahlreiche weitere Morde an Frauen im norddeutschen Raum, möglicherweise auch in Süddeutschland, verantwortlich. Die Ermittlungen zu Kurt-Werner W. sowie zu möglichen Mittätern dauern an.

Eine besondere Pointe: Die Mordkommission Kiel hatte seinerzeit umfangreiche Ermittlungen darüber angestellt, ob der Serienmörder Hans-Jürgen S., der fünf Kapitalverbrechen gestanden hat, möglicherweise auch für Vergewaltigungen und Frauenmorde im weiteren Umkreis verantwortlich war. Beispielsweise wurden ihm auch Tötungsdelikte zugeschrieben, bei denen die Polizei jetzt Kurt-Werner W. als Täter im Visier hat. Dies ist ein Beispiel dafür, dass zur selben Zeit auch mehrere Serienmörder in einem Großraum ihre dunklen Taten verrichten können. Hierzu zählen etwa auch die Sexualmorde des sogenannten Säurefassmörders aus Hamburg-Rahlstedt, die wir in diesem Buch beschreiben.

Rechtsmediziner wissen: Sex kann nicht nur Motiv für Verbrechen sein, sondern es gibt auch Todesfälle aus innerer Ursache im Zusammenhang mit dem Liebesakt. Wenn es heißt, dass ein Mensch tot im Bett aufgefunden wurde, sei es zu Hause oder auch im Hotelbett, dann kann dem ein sehr unterschiedliches Geschehen vorausgegangen sein, ein Herzinfarkt oder eine andere innere Erkrankung – beispielsweise aber auch eine starke Erregung in Zusammenhang mit sexueller Aktivität. Der Partner kann sich entfernt haben. Es kann aber natürlich auch die Ehefrau sein, die nicht so gerne einräumen möchte, wie der Gatte nun genau verstorben ist.

Es geschehen auch Unfälle im Zusammenhang mit speziellen sexuellen Praktiken oder bei Sex an gefährlichen Plätzen. Menschen begehen Suizide aus verschmähter Liebe, Eifersucht, Impotenz oder wegen Schwangerschaft oder sexuell übertragbarer Krankheiten. Aus denselben Gründen gibt es Tötungsdelikte, die aber auch durch Wut oder sexuelles Alleinsein motiviert sein können. Und es gibt bizarre Sexualmorde mit sehr unterschiedlichem Hintergrund: heterosexuell, homosexuell, pädophil.

Ein Rechtsmediziner sollte sich jedenfalls sehr gut und professionell mit speziellen sexuellen Praktiken auskennen, mit Situationen am Fundort und Verletzungsmustern. Es geht um eine objektive Dokumentation der Geschehenslage und eine sachgerechte Interpretation und Rekonstruktion des Ablaufs. Da kann eine komplexe Fesselung, ein Strangulationsmechanismus, Sauerstoffmangel ganz allgemein oder eine andere äußere Einwirkung, um Schmerz zu provozieren, ganz anders zu deuten sein, als man es im Normalfall eigentlich erwartet.

Für den Rechtsmediziner gilt es auch zu berücksichtigen, dass scheinbar bizarre Einwirkungen und Verletzungen selbst beigebracht oder eventuell auch einverständlich hervorgerufen worden sein können. Man denke beispielsweise an ungewöhnliche autoerotische Unfälle.

Spezielle Sexpraktiken können sehr gefährlich werden. Wir denken an einen sehr netten und fähigen Rechtsmediziner, ein hoffnungsvoller Wissenschaftler, Ehemann und Familienvater. Dieser fand bei einer Domina im selbst gewählten Strangulationsapparat den Tod. Derartige Praktiken bergen unter Umständen tödliche Gefahren. Hinzu kommen weitere teilweise sehr belastende Aspekte wie Infektionsausbreitung, Schwangerschaft und die in Einzelfällen sehr weitreichende psychische Traumatisierung oder auch psychische Abhängigkeit. Sehr gefährlich und als langfristig sehr belastend können sich auch Substanzeinwirkungen und Abhängigkeiten von Drogen erweisen. Sogenannte Sexdrogen – beziehungsweise bei unfreiwilliger Verabreichung Vergewaltigungsdrogen – führen zu körperlichen Schädigungen, Bewusstseinseinschränkungen, Bewusstlosigkeit bis hin zu tödlichen Abläufen. Bei wiederholtem Gebrauch resultiert daraus eventuell auch eine von der ursprünglichen sexuellen Motivation abgelöste psychische und/oder körperliche Abhängigkeit.

Sexuelle Gewalt ist für die Hamburger Rechtsmedizin schon sehr lange ein zentrales Thema. Bereits 1985 wurde im Deutschen Ärzteblatt eine groß angelegte Zehn-Jahres-Studie zu insgesamt 1875 polizeilichen Anzeigen wegen sexueller Gewalt publiziert. Darin wurde eine Reihe von Fakten zu Opfer, Täter, Tatausführung, Vortat- und Nachtatverhalten und zur Ermittlungsarbeit der Polizei analysiert. Spezielles Ziel war es, die Rolle der Rechtsmedizin bei derartigen Verfahren zu beleuchten. Im Fokus stand die Frage, wie die sogenannte sekundäre Viktimisierung des Opfers vermieden werden kann. Damit ist der negative Einfluss der polizeilichen Ermittlungen und eines nachfolgenden Strafverfahrens mit wiederholter Vernehmung des Opfers und Konfrontation mit dem Täter gemeint.

Damals wurde auch systematisch die Häufigkeit von Falschanzeigen geprüft. Dabei muss beachtet werden, dass eine derartige Einordnung nicht immer frei von einer gewissen Subjektivität sein kann. Die Frequenz von Falschaussagen lag bei zehn Prozent. Der Literatur konnte man seinerzeit einen Anteil zwischen zwei und maximal 15 Prozent Falschanzeigen entnehmen.

Später konnte man den Erfahrungshorizont auf die Formel bringen: drei Mal ein Drittel. In jeweils einem Drittel der Fälle handelte es sich um reale Abläufe, ein Drittel der Fälle blieb in einer Grauzone und wurde nicht eindeutig geklärt. In einem weiteren Drittel der Fälle handelte es sich eindeutig um Falschanzeigen.

Ein relativ hohes Dunkelfeld resultiert speziell im Hinblick auf Frauen als Täterinnen sowie im Bereich gleichgeschlechtlicher Gewaltverbrechen.

Wir leben in einem geordneten Rechtsstaat mit funktionierenden staatlichen Strukturen. Einen aktuellen direkten Bezug zu kriegerischen Auseinandersetzungen oder größeren Unruhen im Inneren unseres Landes gibt es auch nicht ansatzweise. Die äußeren Grenzziehungen sind sicher.

Betrachtet man internationale Einsätze der Hamburger Rechtsmediziner im Ausland, zum Beispiel nach dem Balkankrieg im ehemaligen Jugoslawien, sowie durch ein schon seit 2005 fortwährendes Engagement in Afrika (Ruanda), war es möglich, Art und Ausmaß sexueller Gewalt im Zusammenhang mit kriegerischen Auseinandersetzungen weitergehend zu erfahren. Fünf Typen der Kriegsvergewaltigung sind zu unterscheiden:

- Vergewaltigung im Vorfeld militärischer Auseinandersetzungen
- Vergewaltigung im Verlauf von militärischen Auseinandersetzungen
- Planmäßige sexualisierte Gewalt in Lagern

- Internierung zur Ausübung von sexueller Gewalt
- Zwangsprostitution von weiblichen Kriegsgefangenen

Eine aktuelle UN-Resolution, die von Deutschland unterstützt wird, prangert jede Form sexueller Übergriffe bei Kriegshandlungen unmissverständlich an.

Die Dimension im vielfältigen Spektrum des Sex reicht von sexuellen Übergriffen im stillen Kämmerlein über eine Vielzahl mehr oder weniger übergriffiger Situationen und über sexuell motivierte Serienmorde bis hin zur systematischen Massenvergewaltigung im Rahmen brutaler Kriegsführung. Ähnliche Situationen mit sehr speziellen Rahmenbedingungen findet man beispielsweise auch in gut organisierten Sekten und kriminellen Organisationen, die Sex systematisch vermarkten und sich wirtschaftlich daran bereichern.

Insgesamt zeigt die Erfahrung:

- Es gibt nichts, was es nicht gibt.
- Man hält manches einfach nicht für möglich.
- Das sprengt das eigene Vorstellungsvermögen.
- Der Fantasie sind keine Grenzen gesetzt.
- Wie kann das eigentlich sein, dass man oder frau jemandem so etwas antut?

Welche extremen Formen sexuell motivierte Straftaten annehmen können, sollen einige Beispiele zeigen.

Brutale Gewalt im Zusammenhang mit Sex ist so alt wie die Menschheit. Bei einem pädophilen Lustmord im Friesischen handelt es sich um einen vorgeschichtlichen Fall. In der ehemals sehr ausgedehnten Moorlandschaft wurde ein Junge als Moorleiche ausgegraben, der kompliziert gefesselt und durch Halsstiche getötet worden war. Dies konnte als pädophiler Lustmord interpretiert werden, bei dem der Mörder sein Opfer danach im Moor versenkt hat.

Tausende Jahre später, in den frühen 1980er-Jahren, gab es in Hamburg ein Verfahren, das aufrütteln musste. In einer Hamburger Hochhaussiedlung wohnte ein junger Mann in der Nachbarschaft eines Elfjährigen. Der Erwachsene begegnete dem kleinen Stefan sehr freundlich. Die Vorgeschichte des jungen Mannes war in der Anonymität der Großstadtsiedlung niemandem bekannt. Doch der Mann war bereits vielfach auffällig geworden, als er sich an kleinen Jungen vergriff. Er war deswegen auch wiederholt in Strafhaft, die Sicherungsverwahrung drohte.

Er wendete dies ab, indem er sich kastrieren ließ. Danach galt er als geheilt und nicht mehr rückfallgefährdet. Im Rahmen seiner fortgesetzten psychiatrischen Behandlung wurden ihm zur Stabilisierung der Psyche und Vorbeugung beispielsweise von Osteoporose nunmehr jedoch männliche Geschlechtshormone verschrieben. Mit dramatischen Folgen: Der Mann verging sich an dem elfjährigen Jungen, er fesselte ihn kompliziert, quälte und missbrauchte ihn sexuell und strangulierte ihn schließlich zu Tode.

Dramatisch war auch der Fall des zerstückelten Toten von der Hamburger Außenalster, dessen zersägte Körperteile in Plastiktüten verpackt im Bereich der Parkanlage im Wasser und am Ufer aufgefunden wurden. Die Hamburger Rechtsmedizin hat den zerstückelten Leichnam in mehreren Sektionen untersucht und die Tat auch rekonstruieren können. Als letzter Körperteil wurde der abgetrennte Penis des Opfers mit anhängendem Hodensack obduziert. Der Mörder aus dem Homosexuellenmilieu konnte ermittelt und vom Landgericht Hamburg verurteilt werden.

Es gibt auch einzelne Tötungen aus lesbischen Beziehungen heraus, bei denen zum Beispiel Eifersucht das tragende Motiv ist.

Mehrfach war die Hamburger Rechtsmedizin mit Fällen von Kannibalismus befasst, zum Beispiel mit Abtrennen von weiblichen sowie auch männlichen Geschlechtsteilen nach vorangegangenen Tötungshandlungen. Die Körperteile wurden anschließend verzehrt. Ähnlich gelagert war ein Zombie-Mord, bei dem der Mann seine Partnerin und die beiden Kinder tötete und an den Körpern grausamste Verstümmelungen vollzog.

Der pädophile Maskenmann hat in Norddeutschland sowie im angrenzenden Dänemark innerhalb von zwei Jahrzehnten zahlreiche Schüler nachts im Schullandheim aufgesucht, überfallen und durch Befummeln sexuell missbraucht. Einige hat er auch entführt und mindestens drei missbraucht und getötet.

Der vierfache Prostituiertenmörder Fritz Honka, genannt der „Schlächter von St. Pauli“, nahm vier Altprostituierte mit in seine Wohnung in Hamburg-Ottensen, tötete diese und verbarg die zerstückelten und verstümmelten Körper in einer Abseite unter dem Dach des Mietshauses.

Der sogenannte St. Pauli-Killer, Auftragsmörder Werner P., bediente sich zur Manipulation seiner weiblichen Handlangerinnen auch sexueller Praktiken. Durch diese machte er letztlich die eigene Ehefrau und eine Anwältin hörig und konnte sie so für seinen geplanten erweiterten Suizid instrumentalisieren. Die Frauen schmuggelten eine Schusswaffe in den Hochsicherheitstrakt des Hamburger Polizeipräsidiums, mit welcher der Killer den ihn vernehmenden Staatsanwalt, seine Frau und schließlich sich selbst erschoss.

Dieser St. Pauli-Killer war speziell auch im Umfeld der Bandenkriege tätig, die um Claims im Bereich der Prostitution geführt wurden. Von daher haben spezielle sexuelle Geschäfte und ein damit zusammenhängender Bandenkrieg sich direkt auch in einer Mordserie ausgewirkt, die von dem Profi-Killer ausgeführt wurde.

Aber auch natürliche Todesfälle können nach außen hin durch eine dramatische Auffindungssituation für Irritation sorgen. Eine junge Frau, die ihren Körper an Heiligabend mit einem Dildo im abgeschlossenen Badezimmer manipulierte, erlitt dabei aufgrund eines Bluthochdruckleidens eine Hirnblutung und kollabierte über dem Badewannenrand. Ihr Kopf hing im Wasser, und die Frau ertrank. Ihr Partner stand kurzzeitig unter Mordverdacht, bis das Sektionsergebnis feststand.

Eine andere Frau, die ihren Dildo benutzte, während der Ehemann am Sonntagmorgen zum Bäcker ging, erlitt dabei einen akuten Herzinfarkt. Als der Leichnam in das Institut für Rechtsmedizin eingeliefert wurde, befand sich der Kunstpenis noch in ihrer Scheide.

Es ist davon auszugehen, dass gar nicht so wenige Männer und Frauen plötzlich aus innerer Ursache beim

Sex versterben. Der plötzliche Tod aus innerer Ursache, zum Beispiel infolge von Herzinfarkt, schlägt zu, wenn die Hormone den Kreislauf in Wallung versetzen – und es im Hinblick auf die sexuelle Erregung gerade am schönsten ist.

Hilfe für die Opfer

Es besteht allgemeiner Konsens darüber, dass die Opfer sexueller Gewalt besonderer Hilfe, Unterstützung und Fürsorge bedürfen, da die Traumatisierung intensiv, bedrohlich, ängstigend, verunsichernd und langanhaltend ist. Aus kriminalistischer und rechtsmedizinischer Sicht ist zu betonen, dass nur eine sofortige professionelle Dokumentation der Verletzungen sowie Spurensicherung an der Kleidung und am Körper des Opfers geeignet ist, das Ausmaß der Gewalt zu objektivieren, den Täter zu identifizieren und später zu verurteilen. Das Opfer sollte schnellstmöglich nach dem Tatgeschehen ärztlich untersucht werden. Zugleich können auch eine notwendige Infektionsprophylaxe, Schwangerschaftsvorsorge, psychosoziale Beratung und Traumatherapie eingeleitet werden.

In Hamburg steht zum Beispiel am Institut für Rechtsmedizin ein 24-Stunden-Bereitschaftsdienst bereit, um diese Maßnahmen durchzuführen. Regelhaft wird eine Frauenärztin mit hinzugezogen, um das Opfer gynäkologisch zu untersuchen. Hierdurch ist gewährleistet, dass das Opfer nur einmal, dann aber sofort umfassend ärztlich befragt und untersucht wird.

Man sollte sich stets den weiteren schweren Weg für das Opfer vor Augen halten: Hierzu zählen die langwierigen polizeilichen, strafrechtlichen und zivilrechtlichen Abläufe sowie einschneidende psychosomatische Probleme. Auf diesem Weg bedeutet ein frühzeitig erstelltes, gerichtsfestes rechtsmedizinisches Gutachten mit hieraus resultierender nachvollziehbarer Geschehensrekonstruktion eine wesentlich Stütze.

Mit anderen Worten: Dieses Gutachten ist für das Opfer die „beste Medizin", auch wenn es schwerfällt, sich im engen zeitlichen Zusammenhang mit der Vergewaltigung sofort noch einmal „schutzlos" zu präsentieren, jetzt allerdings vor sachkundigen Ärztinnen, die, soweit möglich, Ruhe und Sicherheit ausstrahlen.

Vielerorts wird den Opfern auch ohne polizeiliche Anzeige ein niedrigschwelliger Zugang zum bestehenden Hilfesystem mit anonymer ärztlicher Untersuchung und Spurensicherung angeboten. Die entsprechenden Anlaufstellen sind bekannt oder können nachgefragt werden. Darüber hinaus gibt es eine Reihe von engagierten und sehr einfühlend operierenden psychosozial ausgerichteten Beratungsstellen. Auch Opferhilfeeinrichtungen wie beispielsweise der „Weiße Ring" stehen bereit.

Im Zusammenhang mit polizeilichen Vernehmungen und Gerichtsverfahren sind Unterstützungsmaßnahmen für Zeugen gesetzlich vorgesehen. Dies umfasst auch die engmaschige Betreuung für Vernehmungen und prozessuale Maßnahmen. Zum Unterstützungssystem gehört letztlich auch, dass das Opfer dem Prozess mithilfe einer Nebenklägerin (Anwältin) beitreten kann.

ARZT UND UNGEHEUER

Es ist ein Geräusch, das dich aufschrecken lässt. Oder ein unbekannter Geruch. Vielleicht auch ein kaum wahrnehmbarer Lufthauch, der durch das Zimmer streicht. Irgendetwas hat dich alarmiert. Du öffnest die Augen und siehst einen fremden Mann bei dir am Bett stehen. Er ist maskiert, er beugt sich über dich und droht: „Ich habe ein Messer dabei." Einen Moment lang hoffst du noch, dass alles nur Einbildung ist, ein böser Traum, der gleich vorüber ist. Doch der Mann in deinem Schlafzimmer ist keine Halluzination, er ist real, bedrohlich, angsteinflößend. Und seine Hände, die dich umklammern, sind gewalttätig stark. Er fesselt dich, dann drückt er dir ein feuchtes Tuch auf Nase und Mund. Ein chemisch-süßlicher Geruch haftet an dem Stoff, du versuchst, dich zu wehren. Aber deine Kräfte lassen sehr schnell nach. Du wirst bewusstlos.

Als du wieder zu dir kommst, ist der Mann verschwunden. Aber er ist weiter in deinem Leben – vielleicht für immer. Wie ein dunkler, alles überlagernder Schatten begleitet er dich. Der fremde Mann hat dir die

Unversehrtheit genommen, die Sicherheit, die du im Leben hattest. Da er maskiert war, weißt du nicht, wie er aussieht. Jeder Mann, dem du von jetzt an begegnest, könnte ER sein. Der Kerl, der dich vergewaltigt hat.

Acht Frauen haben im Jahr 1990 Anzeige erstattet, weil es ihnen so ergangen ist. Ob der Mann, der schließlich im November des Jahres festgenommen wird, sich vielleicht noch an weiteren Frauen vergangenen hat, weiß nur er. Gerade bei Sexualdelikten ist die Bereitschaft der Opfer, das Verbrechen anzuzeigen, nicht groß. Manche Frauen fürchten sich vor einer ärztlichen Untersuchung, sie schämen sich, wollen sich eine polizeiliche Befragung und später eine Zeugenaussage im Prozess ersparen. Noch einmal alle Details schildern zu müssen, im Gerichtssaal vor aller Augen, gleichsam nackt, ist für sie eine Horrorvorstellung. Und wie schwer wird es werden, im Gericht nur wenige Meter vom Angeklagten entfernt zu sitzen, seine Blicke zu spüren? Wird sein Verteidiger einem zusetzen? Wie wird das Umfeld reagieren, die Familie, die Kollegen, die Freunde?

So manche Frau sieht im Verdrängen möglicherweise die beste Lösung, um mit dem Verbrechen fertigzuwerden. Vielleicht fühlt es sich irgendwann so an, als wäre es nie geschehen, wenn ich es nicht weiter an mich heranlasse?

Doch nicht wenige Opfer, die den Weg des Ignorierens gewählt haben, spüren irgendwann den finsteren Schatten aus der Vergangenheit umso stärker. Vielleicht erst Jahre später oder auch Jahrzehnte. Und dann? Wohin dann mit der Wut und dem Leid?

Ein weiterer wichtiger Grund, sich gleich zumindest in medizinische Obhut zu begeben, ist auch die eigene Gesundheit: Die Opfer eines sexuellen Missbrauchs könnten ohne eine weitergehende ärztliche Untersuchung ihre Gesundheit gefährden. Sie können nicht sicher sein, ob ihr Vergewaltiger vielleicht eine ansteckende Krankheit hatte, womöglich Aids. Dies auszuschließen beziehungsweise Vorsorge zu treffen, kann ein wichtiger Schritt sein, um das Trauma des sexuellen Übergriffs besser verarbeiten zu können. Und besonders wichtig für eine Verurteilung: Bei einer rechtsmedizinischen und gynäkologischen Untersuchung kann es möglich sein, Täter-DNA zu sichern und auf diese Weise mitzuhelfen, den Peiniger zu überführen. Damit er seine gerechte Strafe bekommt und keine weiteren Opfer suchen kann, die als Nächste traumatisiert werden.

Andreas A., der Mann, der zum Serienvergewaltiger wurde, hat sich über die Qualen seiner Opfer keine Gedanken gemacht. Die wenigsten Täter tun das, es geht ihnen ausschließlich um ihre eigenen Bedürfnisse: um Sex und wohl auch um Macht. Aber Andreas A. ist Arzt. Er hat bei seiner Ausbildung einen Eid darauf geleistet, niemandem zu schaden: „Nihil nocere". Diesen Schwur hat der Mediziner, als er maskiert über Frauen herfiel, in unfassbarer Weise ad absurdum geführt.

Ein Opfer sagt im Prozess über den Täter: „Er ist in meine Wohnung eingedrungen und hat mich vergewaltigt. Wenn ich in meiner Wohnung nicht sicher sein kann, kann ich mich auf den Mond schießen lassen." Man kann diesen Satz auch so verstehen: Es gibt nirgendwo auf der Welt mehr einen Platz, an dem ich mich geschützt und geborgen fühle. Eine andere Frau, die von dem Arzt missbraucht worden ist, sagt: „Ich habe den Eindruck, dass er das Ausmaß, das er angerichtet hat, überhaupt nicht begriffen hat.“

Worauf es ihm ankommt, ist, seine Phantasien auszuleben, die ihn seit seiner Pubertät begleiten. Schon als Jugendlicher beginnt der Hamburger, Mädchen und Frauen heimlich beim Entkleiden zu beobachten. Im Schutz der Dunkelheit späht er durch die Fensterscheiben in Wohn- und Schlafzimmer, manchmal stundenlang. Als er mit Anfang zwanzig seine spätere Frau kennenlernt, hört er für eine Weile mit dem Spannen auf. Doch seit sie mit dem ersten Kind schwanger ist, verspürt er wieder den Drang, heimlich fremde Frauen zu beobachten. Dass er immer wieder abends und nachts unterwegs ist, begründet er seiner Partnerin gegenüber mit seinen Dienstzeiten in dem Hamburger Krankenhaus, in dem er mittlerweile als Arzt arbeitet; oder er sagt, er wolle joggen. Stattdessen ist er auf der Pirsch. Stundenlang klebt er an Fensterscheiben. Aber das allein reicht ihm inzwischen nicht mehr. Er möchte die Frauen vor sich haben, ohne dass ihm Glas im Weg ist.

Zu Beginn des Jahres 1990 besorgt sich Andreas A. aus einer Klinik eine Flasche Chloroform, die er nun ständig in seinem Wagen bei sich hat. Er will die Frauen in ihren Wohnungen betäuben. Der Mediziner weiß, dass Chloroform zu Brechreiz führen kann und auf der Gesichtshaut ätzend wirkt. Auch kann es zu einer Reizung der Augen führen. Zudem ist ihm bewusst, dass das Narkotikum Atemstillstand und ein Aussetzen des

Herzschlags bewirken kann. Es sind dies seltene Nebenwirkungen, aber sie kommen vor. Ob Andreas A. solche Komplikationen im Zweifelsfall beherrschen würde?

Doch darüber macht sich der Arzt keine Gedanken. Die Dunkelheit ist weiter seine Verbündete. Das Beuteschema von Andreas A. ist einfach gestrickt: Die Opfer müssen weiblich sein, jung – und in einer Erdgeschosswohnung oder in einem Haus mit Garten leben. Ein Ort also, der leicht einsehbar und für ihn ohne großen Aufwand zugänglich ist. Er ist ein sportlicher Typ und geschickt. Ein nicht vollständig verschlossenes Oberlicht oder ein auf Kipp stehendes Badezimmerfenster reichem ihm, um in das Zuhause seiner Opfer einzudringen.

Das erste Verbrechen begeht er Ende März 1990. Danach schlägt er wieder zu. Und wieder. Zunächst vergehen zwei Monate bis zur nächsten Tat, dann mehrere Wochen. Zu den letzten drei Überfällen kommt es innerhalb einer einzigen Oktoberwoche.

Im November wird der Täter gefasst und in Haft genommen. Kommissar Zufall kommt zu Hilfe. Offensichtlich hat er sich zu sicher gefühlt und ist leichtsinnig geworden. Sein Fehler: Er lungert vor einer Wohnung herum, in der er sich Monate zuvor schon ein Opfer gesucht hat, und wird wiedererkannt.

Die Verbrechen sind jeweils ähnlich abgelaufen. Über Stunden beobachtet Andreas A. jede Bewegung einer Frau in deren Wohnung. Wenn sie ins Bett geht und das Licht löscht, holt der Mediziner das Chloroform und mehrere Kordeln aus seinem Wagen. Heimlich dringt er durch das Fenster, das nicht vollständig verschlossen ist, in das Zimmer ein und geht an ihr Bett. Als das Opfer wach wird und den fremden Mann sieht, der eine Kapuze tief ins Gesicht gezogen hat und zusätzlich mit einem Halstuch maskiert ist, schreckt die Frau auf. Vor Angst und Entsetzen versucht sie zu schreien. Doch der Verbrecher weiß, wie er sie zum Schweigen bringen und ihren Widerstand lähmen kann. „Ich habe ein Messer dabei", raunt er dem Opfer zu. Sie kann nicht wissen, dass das gar nicht stimmt. Er hat kein Messer dabei. Seine beste Waffe ist die Angst der Überfallenen. Und er hat auch noch das Chloroform und seine Fesseln.

Die Frau ist ihm ausgeliefert. Er fordert sie auf, ihn nicht anzusehen und sich bäuchlings auf ihr Bett zu legen. Aus Angst tut sie, was er sagt. Als Nächstes fesselt der Arzt seinem Opfer die Hände auf dem Rücken und hält ihm ein mit dem Narkotikum getränktes Tuch vor Mund und Nase. Die Frau versucht, sich zu wehren, wirft ihren Kopf hin und her. Doch er hält sie fest, bis das Chloroform wirkt und ihr Bewusstsein schwindet. In dem sicheren Gefühl, dass sie nun nichts mehr mitbekommt, zieht er die Maskierung von seinem Gesicht und vergeht sich an ihr. Dann löst er ihre Fesseln und verschwindet. Die Kordel lässt er zurück, ebenso wie sein gebrauchtes Präservativ. Eigentlich ein gravierender Fehler, aber der Vergewaltiger wähnt sich sicher, dass man ihn nicht identifizieren wird. In der Wohnung bleiben auch sein Geruch und der des Chloroforms zurück – und die Angst, die sich in das Leben des Opfers verbeißt. Sie lässt sich nicht mehr abschütteln, für sehr lange Zeit nicht.

Eines der Opfer hat besonders unter den Misshandlungen des Serientäters zu leiden. Die 31-Jährige hat versucht, sich seinem Griff zu entwinden und dem Chloroformtuch zu entkommen. Obwohl der Verbrecher es ihr schließlich doch für einen Moment auf das Gesicht drücken kann, hält sie die Luft an und bleibt bei Bewusstsein. Als der Vergewaltiger seine Bemühungen, sie zu betäuben und zu fesseln, beendet, schlägt er auf die Frau ein. Er trifft sie hart am Kopf. Außerdem beginnt er, sie zu würgen. Für einen Moment kann sie nicht atmen. Sie verharrt in Schmerzen und Angst. Als der Täter die Hände von ihrem Hals löst, beginnt sie laut zu schreien. Sie rennt nackt nach draußen, wo sich ein Nachbar um sie kümmert. Der maskierte Mann flieht.

Die Polizei fahndet mit Hochdruck nach dem Serientäter. Gegenden, wo er zugeschlagen hat, werden observiert. Doch der Vergewaltiger hat sich nicht auf einen Stadtteil beschränkt, er hat offenbar einen großen Radius. Dass er schließlich gefasst wird, ist einem glücklichen Zufall zu verdanken – und der Chuzpe des Verbrechers.

Als er sich erneut vor dem Haus einer 26-Jährigen aufhält, die er Monate zuvor überfallen hat, erkennt ihn die Frau und verständigt die Polizei. Sie ist das einzige seiner Opfer, die den Täter unmaskiert gesehen hat. Im Unterschied zu den anderen Frauen hat sie durch das Chloroform nicht vollständig das Bewusstsein verloren, sondern ist in eine Art Trance gefallen.

Bei seiner Festnahme hat Andreas A. eine Chloroformflasche dabei und acht Stilleinlagen für einen BH.

Die hat er mit Chloroform getränkt, um sie seinem nächsten Opfer vor Mund und Nase zu halten. Bei einer Wohnungsdurchsuchung wird später auch eine Plastiktüte mit einer Kordel darin sichergestellt.

Keine der Frauen, die der 32-Jährige überfallen und missbraucht hat, kann problemlos in ihrer Wohnung bleiben. Nicht, nachdem ein brutaler Verbrecher den bis dahin sicher schützenden Raum entweiht, benutzt und beschmutzt hat. Eine 26-Jährige zieht für sechs Monate zu ihren Eltern. Sie leidet auch dort unter Schlafstörungen. Als sie schließlich allmählich wieder anfängt, in ihrer Wohnung zu übernachten, kann sie die Dunkelheit nicht ertragen. Sie muss nachts das Licht angeschaltet lassen. Eine andere Frau bekommt nach der Tat Asthmaanfälle. Sie zieht aus ihrer Wohnung aus und geht nicht mehr allein auf die Straße. Ein Opfer verbarrikadiert sich jeden Abend in seinen vier Wänden. Eine Frau hat seitdem ein überreiztes Gehör. Schon ihre eigenen Atemgeräusche reichen aus, um zu meinen, jemand Gefährliches sei in ihrer Nähe. Alle Frauen leiden unter Albträumen. Eine zieht ganz aus Hamburg fort. Die Opfer leiden lange, manche für immer.

Sechs Monate nach der Festnahme des Verdächtigen beginnt vor dem Landgericht der Prozess gegen den Arzt. Die Staatsanwaltschaft wirft ihm unter anderem Vergewaltigung und gefährliche Körperverletzung vor. Der Mediziner gesteht die Vorwürfe im Wesentlichen. „Ich war zu sehr in meine Fantasie verstrickt", sagt er. „Ich habe manchmal bis zur Erschöpfung an den Fensterscheiben geklebt." Er habe den Frauen keine Angst einjagen wollen. Jedem seiner Opfer bietet er 10 000 Mark Schmerzensgeld an.

Seinen Lebenslauf schildert er so: Das Abitur bestand er mit der Note 1,9. Sein Medizinstudium hat er zügig durchgezogen und 1985 abgeschlossen. Bei seiner Tätigkeit in einem Krankenhaus leistet er viele Nachtdienste und bemüht sich um Fortbildungen. „Ich wollte besonders in der Notfallmedizin gut vorbereitet sein, weil ich Angst hatte, einer Situation nicht gewachsen zu sein. Als Arzt stellt man sich immer die Frage: Hätte ich es auch besser machen können?"

Vielleicht wird Andreas A. sich gar nicht bewusst, wie sehr dieser medizinische Anspruch zu seinen Verbrechen im Gegensatz steht: hier der engagierte Arzt, da der hinterhältige Vergewaltiger. Seine Taten hat er offensichtlich sorgfältig vorbereitet. Die Wohnungen der durchweg jungen Frauen sind keinesfalls immer leicht einzusehen gewesen. Der Angeklagte, ein ehemaliger Leistungssportler, ist über Mauern geklettert oder durch unverschlossene Hauseingänge in die Gärten eingedrungen. Selbst durch Briefschlitze hat der Mann seine Opfer ausgespäht. „Ich war dort nicht der einzige Spanner", sagt er.

„Dieses Jahr ist wie ein Tunnel für mich gewesen", beschreibt Andreas A. die Zeit, in der er die Frauen vergewaltigt hat. Auch Kollegen ist eine Veränderung an dem sonst als vorbildlich beschriebenen Arzt aufgefallen, der keine Fortbildung ausgelassen hat. „Er vergrub sich in seine Arbeit und wurde immer verschlossener dabei", erzählt ein Kollege des Mediziners. „Ich dachte schon, er hätte Aids." Dass der 32-Jährige ein Verbrecher sein könnte, hat niemand in seinem Umfeld geahnt.

Andreas A. wirkt im Prozess äußerlich sehr kontrolliert, nahezu unbeteiligt, emotionslos. Sein Gesicht ist wie zu einer Maske erstarrt. Nur das Spiel seiner Hände verrät Nervosität. Von seiner Ehefrau wird er als ein Mann geschildert, „der niemals erzählt, dass ihn etwas bedrückt". Alles fresse er in sich hinein, so auch den Leistungsdruck, dem er sich selber ausgesetzt habe.

Auch während die Opfer aussagen, wirkt Andreas A. wie abgeschottet. „Nachdem ich überfallen wurde, konnte ich erst mal keinem Mann mehr in die Augen sehen", sagt eine Studentin und ehemalige Krankenschwester. Über die 10 000 Mark Schmerzensgeld, die der Angeklagte den Opfern jeweils angeboten hat, sagt sie: „Das klang wie ein Werbebrief. Ich hatte einen solchen Hass auf ihn, dass ich ihm keine weitere Gelegenheit geben wollte, in mein Leben einzugreifen."

Die Frauen schildern den Schreck, der ihnen durch die Glieder jagte, als sie den Fremden in ihrer Wohnung bemerkten. Sie erzählen von ihren Ängsten vor dem maskierten Mann, der sie bedrängte, bedrohte, überfiel, betäubte. Der sie sexuell missbrauchte. Eine 27-Jährige, die von dem Angeklagten chloroformiert, aber nicht vergewaltigt wurde, ist die einzige der Betroffenen, die sagt: „Ich empfinde zwar Ekel ihm gegenüber, aber auch Mitleid."

Ein psychiatrischer Sachverständiger billigt dem Angeklagten verminderte Schuldfähigkeit zu, weil dieser sich während der Zeit, in der er die Verbrechen begangen hat, in einer schweren Lebenskrise befunden habe. Der Gutachter erzählt von den Anfängen des Angeklagten beim Spannen, als dieser noch in der Pubertät war und Mädchen in Schwimmbädern in den Umkleidekabinen beobachtet. Später beim Joggen habe er durch Wohnungsfenster Frauen beim Ausziehen zugesehen. Das frühe Spannen des Mannes sieht der Sachverständige als einseitige Fantasiebeziehungen, in denen Andreas A. gleichsam „mit einer Tarnkappe" präsent gewesen sei.

Später, als sich der Angeklagte als junger Familienvater und beruflich stark eingespannter Arzt äußerlich etabliert habe, habe er die Fantasie entwickelt, in die Wohnungen unbekannter Frauen einzudringen, sie zu fesseln und zu betäuben. Beim Spannen und schließlich, wenn er die Frauen durch Chloroform außer Gefecht setzte, habe er die Kontrolle geschätzt und sich mächtig gefühlt. Seine Fantasien auszuleben, sei „wie ein Sog" gewesen. Mit seinen Taten habe er vor allem Aggressionen und Zorn abbauen wollen. Der Gutachter spricht von einer „Tag- und einer Nachtseite" des Angeklagten, die „streng voneinander getrennt" gewesen seien: Die Tagseite, in der er sich hilfsbereit und verantwortungsbewusst zeigte, lebte er in Familie und Beruf aus. Die Nachtseite offenbarte die Triebhaftigkeit und Aggressivität. Eine Parallele zu Dr. Jekyll und Mr. Hyde drängt sich auf.

Eine Wiederholungsgefahr sei bei Andreas A. jedoch ausgeschlossen, urteilt der Sachverständige. Denn es handele sich bei den Verbrechen um Geschehnisse, die auf einer besonderen inneren und äußeren Lebenskrise beruhten. Mit der Festnahme und Inhaftierung habe eine Zäsur eingesetzt, in der sich der 32-Jährige mit seinen Problemen auseinandergesetzt habe. Allerdings sei eine weitere Therapie zu empfehlen, macht der Gutachter deutlich.

Der Angeklagte selber sagt unter Tränen. „Für mich ist die Schuld da, und das lebenslänglich.“ Im selben Moment fängt eines der Opfer an, haltlos zu weinen. „Jedes Wort, das die Frauen gesagt haben, hat sich bei mir eingegraben“, fährt Andreas A. fort. „Ich war es, der ihnen ihr Vertrauen genommen hat. Ich kann verstehen, dass Hass da ist. Eins muss klar sein: Ich nehme das nicht leicht. Für mich ist die Schuld nicht teilbar“, sagt er. „Ich weiß, dass ich es war.“

Die Staatsanwältin formuliert in ihrem Plädoyer: „Er hat seine Opfer zu einem leblosen Stück Fleisch degradiert.“ Andreas A. habe äußerst brutal gehandelt, als er seine Opfer im Schlaf überfiel. „Schlimm ist auch, dass er sich maskiert hat. Die Frauen lebten so in permanenter Unsicherheit. Jeder Mann, dem sie begegneten, hätte ihr Vergewaltiger sein können.“

Der Verteidiger versucht, die Verbrechen seines Mandanten als schreckliche Entgleisung eines sonst gewissenhaften und verantwortungsvollen Menschen darzustellen. „Es handelt sich bei ihm um einen schwerwiegenden Persönlichkeitsverfall. Die Taten haben bei ihm tiefe Verzweiflung bewirkt. Das Tagesgesicht war voller Aufopferung. Seine abgedunkelte Persönlichkeit schaffte sich Opfer.“

Das Gericht verhängt schließlich sechs Jahre Freiheitsstrafe für Andreas A. „Der Angeklagte ist nur beschränkt zurechnungsfähig“, erläutert die Richterin und folgt damit der Einschätzung des psychiatrischen Sachverständigen. Aber sie räumt auch ein: „Das klingt merkwürdig, weil alle Taten geplant waren und der Mediziner auch im Prozess ruhig und besonnen wirkt. Das Abnorme versagt sich oft der öffentlichen Einsicht.“ Auch das Geständnis habe für den Angeklagten gesprochen, denn dazu gehörten Mut, Einsicht, Schamgefühl und der Wille, die Taten zu beenden. Andererseits müsse strafverschärfend berücksichtigt werden, dass der 32-Jährige die Frauen in ihrem privaten, persönlichsten Umfeld überfallen hat. Andreas A. habe seit seiner Kindheit ein falsches Bild von einer dominanten Frau, er sei unfähig, völlig gelöst zu sein. „Sein Blickfeld wurde immer tunnelartiger, das Gesicht immer maskenhafter.“

Vielleicht hat Andreas A. wirklich geglaubt, dass seine Verhaftung und die Zeit im Gefängnis ein heilsamer Schock wären. Dass er nie mehr straffällig werden würde. Aber die Realität holt ihn ein.

Die Beziehung zu seiner Ehefrau, die im Prozess noch zu ihm gehalten hat, zerbricht. Es folgt die Scheidung. Und vor allem: Schon beim Urlaub aus der Haft beginnt er wieder mit dem nächtlichen Spannen. Ein früheres Opfer bemerkt das und alarmiert die Polizei. Nun wird er selber observiert, und die Ermittler stellen fest, dass er sich erneut und wiederholt voyeuristisch betätigt. Als er drei Jahre nach seiner Verurteilung einen Antrag auf Aussetzung der Reststrafe zur Bewährung stellt und eine vorzeitige Haftentlassung beantragt, wird ein Gutachten gefertigt – mit einem für den mittlerweile 36-Jährigen entblößenden Ergebnis: Die

Gefährlichkeit des Mannes sei „so frisch wie am ersten Tag“.

Im November 1996, exakt sechs Jahre nach seiner Festnahme, wird Andreas A. schließlich aus der Haft entlassen. Dass er seine Freiheitsstrafe voll verbüßen muss, zeigt, dass eine vorzeitige Entlassung aus Sicht der Fachleute nicht verantwortet werden konnte. Und nicht nur das: Der jetzt 38-Jährige kommt auch unter Führungsaufsicht und muss sich weiterhin therapeutisch behandeln lassen, obwohl er felsenfest verkündet: „Ich meinem jetzigen Leben und auch in meinem Denken spielt der Voyeurismus keine Rolle.“

Weit gefehlt. Nach der Entlassung aus dem Gefängnis lebt Andreas A. mit seiner neuen Freundin zusammen, den neuen Job bei einer Softwarefirma verliert er aber bald wieder. Seine Approbation hat er längst zurückgegeben. Als er fast genau ein Jahr in Freiheit ist, wird er erneut beim Spannen erwischt. Er ist auf einen Balkon geklettert und hat eine Frau durch das Fenster beobachtet. Vor Gericht wird er wegen Hausfriedensbruch und Körperverletzung zu fünfzehn Monaten Freiheitsstrafe verurteilt, die in der Berufung zu einem Jahr Haft abgemildert wird – auf Bewährung. Er hat eine Therapie begonnen, die nun wirklich helfen soll. Das verspricht er.

Der Mann war eine tickende Zeitbombe, und die soll nun entschärft worden sein? Tatsächlich: Soweit wir dies wissen, hat er danach keine Verbrechen mehr begangen.

Die chemische Bezeichnung für Chloroform lautet Trichlormethan ($CHCl_3$). Chloroform wurde 1831 unabhängig voneinander von dem US-Amerikaner Samuel Guthrie, dem Deutschen Justus Liebig und dem Franzosen Eugène Sonbeiran hergestellt. Liebig bezeichnete die Substanz als Chlorkohlenstoff, Jean-B. Dumas gab ihr später den Namen Chloroform. Die narkotisierende Wirkung wurde im Tierversuch rasch erkannt.

Chloroform wurde schon bald neben dem bereits gebräuchlichen Ether in die ärztliche Praxis eingeführt, zunächst zur Linderung von Geburtsschmerzen. Später wurde dann vorgeschlagen, es auch bei chirurgischen Anästhesien einzusetzen. Nach erfolgreichem Einsatz bei der englischen Queen Victoria wurde Chloroform zu dem in Europa am weitesten verbreiteten Narkosemittel.

Nach 1890 wurde wieder Ether bevorzugt, weil die unerwünschten Nebenwirkungen des Chloroforms zu relativ häufigen anästhesiebedingten Todesfällen führten.

Hergestellt wird Chloroform durch Erhitzen von Chlor mit Methan. Trichlormethan ist eine farblose, nicht entflammbare, flüchtige Flüssigkeit von süßlichem Geruch. Die Mischbarkeit mit Wasser ist begrenzt. Handelsübliches Chloroform enthält 0,5 bis 1 Prozent Ethanol als Stabilisator. Heute wird Chloroform in erster Linie als Lösungsmittel im Labor eingesetzt. Bei Missbrauch kann Chloroform tödlich sein!

Chloroform ist generell sehr gesundheitsschädlich: Es führt zu Hautreizungserscheinungen, außerdem auch zu einer Reizung der Atemwege und der Augen. Beim Einatmen wirkt es giftig und beim wiederholten Gebrauch krebserregend (cancerogen).

Die Dämpfe von Chloroform verursachen bei einer Konzentration von 1,2 bis 1,4 Prozent in der Atemluft Bewusstlosigkeit und senken die Schmerzempfindung. Wegen der toxischen Wirkung auf Herz, Leber und andere innere Organe wird Chloroform heute überhaupt nicht mehr als Narkosemittel angewendet. Seine Anwendung ist in der Europäischen Union bei Tieren, die Lebensmittel liefern, generell verboten.

Bei einem Missbrauch zu Rauschzwecken wird die Flüssigkeit auf ein Tuch gegossen und die entstehenden Dämpfe werden inhaliert. Tagesdosen von 40 bis 360 Gramm sollen gebräuchlich sein. Ein gut durchtränktes Tuch kann seine Chloroformwirkung für etwa 45-60 Sekunden behalten.

Wie beim Ether-Rausch kommt es zu einer euphorischen Grundstimmung. Diese ist begleitet von illusionären Verkennungen, akustischen und optischen Halluzinationen sowie sexuellen Fantasien. Im Vordergrund stehen dabei autoerotische Handlungen.

Daneben wird Chloroform auch immer wieder als Vergewaltigungsdroge („Rape drug") eingesetzt. In der rechtsmedizinischen Literatur sind hierzu eine Reihe von verbrecherischen Todesfällen dokumentiert. Besonders bekannt geworden sind in Deutschland die Tötungsverbrechen an den beiden sechzehn Jahre alten Schülerinnen Jasmin und Yvonne, die nach einem Disco-Besuch verschleppt, mit Chloroform betäubt und sexuell gequält wurden. Die Mädchen sind an einer Überdosis Chloroform gestorben. Aus seinen sadistischen Neigungen machte der Angeklagte auch im Gerichtssaal keinen Hehl, in den Medien sprach man vom sogenannten Sadisten-Prozess.

Übrigens wurde auch bei Jack the Ripper darüber spekuliert, ob er seine Opfer mit Chloroform betäubt habe.

Andere sogenannte „Rape drugs“ sind heutzutage viel häufiger in Gebrauch. Man spricht dann zumeist von „K.o.-Mitteln“. Gebräuchlich sind vor allem die Substanzen Gammahydroxybuttersäure (GHB) und Gammabutyrolakton (GBL). Häufig verwendet werden auch Beruhigungsmittel wie vor allem Benzodiazepine sowie sonstige Schlaf-, Beruhigungs- und Schmerzmittel, manchmal auch dem Betäubungsmittelgesetz unterliegende Rauschdrogen.

Für sämtliche Substanzen gilt, dass sie auch gefährliche, unter Umständen lebensbedrohliche Nebenwirkungen haben. Bei falscher Dosierung kommt es zur Bewusstlosigkeit bis hin zum Tod. Weiter können Kreislaufstörungen, Bewegungsstörungen und Orientierungslosigkeit die Folge sein, die dann zu schweren Unfällen oder auch zu Krankheitserscheinungen, beispielsweise nach der Einatmung von Erbrochenem, führen.

Wegen ihrer schlecht steuerbaren Wirkungen und den bedrohlichen Nebenwirkungen handelt es sich durchweg um gefährliche Substanzen, die nicht in die

Hand medizinischer Laien oder selbsternannter Kenner der Szene gelangen sollten.

DER SADIST, DER SICH „SCHWEINENETT“ FAND

Es geschah während des Geschirrspülens. Ein anderes Mal kam es über ihn, als der Mann gerade zeichnete. Und erneut, während er mit dem Auto unterwegs war. Offenbar aus dem Nichts heraus, bei alltäglichen Verrichtungen, war er da: der Drang, eine Frau umzubringen. Manchmal ließ das Verlangen von selber nach, manchmal verschwand der innere Zwang, weil auf die Schnelle kein geeignetes Opfer aufzutreiben war.

Dreimal aber, so ist es erwiesen, gab Thomas H. seinem Drang zu töten nach. Der Mann wurde zu jenem Verbrecher, der mit seiner Tötungsserie Ende der 1980er-Jahre in Hamburg und Umgebung Angst und Schrecken verbreitet hat und der als „Heidemörder“ bekannt wurde. Er selber bezeichnete sich als „Lustmörder“. Ein Kerl, der nur durch hohe Mauern und stabile Gitterstäbe zu stoppen ist.

„Jede junge Frau hätte es treffen können“, befand seinerzeit das Gericht, vor dem sich der gelernte Grafiker damals, im Jahr 1993, schließlich verantworten musste. „Es“, das war ein ungeheuerlicher Zwang. Ein, wie der Täter es formulierte, immer wieder aufbrechendes, nicht zu beherrschendes Mordverlangen. Der Verbrecher war ein Mann mit zwei Gesichtern. Denn der 28-Jährige konnte durchaus charmant wirken, aufgeweckt, zuvorkommend. Und intelligent war er auch. Einer, der nach Belieben sein wahres Ich hinter einer sympathisch wirkenden Maske verbergen konnte, sodass er vertrauenswürdig wirkte. Aber dann schlug er zu, systematisch, erbarmungslos. Über sich und seine Opfer sagte er kühl und nüchtern: „Ich wusste, dass sie sterben wird. Das war ja die Option.“ Und doch behauptete er von sich: „Ich war schweinenett zu den Frauen.“

Ein „schweinenetter“ Mörder? Normal denkenden Menschen muss klar sein, dass dies ein unauflöslicher Widerspruch ist. Aus Sicht des „Heidemörders“ allerdings scheint dieses Paradoxon nicht zu existieren. Einen Einblick in seine aufgewühlte Psyche hat der gebürtige Hamburger, als er schließlich gefasst war und vor Gericht kam, gegen Ende des Prozesses im Gespräch mit einem psychiatrischen Sachverständigen gegeben. Thomas H. zeichnete sich als einen Mann, der gleichsam fremdgesteuert war, als er die Frauen umbrachte; ein Täter, der sich als Opfer geriert, ein Opfer seiner inneren Stimme. „Ich war nur noch Zuschauer“, sagte er über seine Morde. Es kann ein bequemer Weg sein, die Verantwortung für grausame Verbrechen abzuwälzen; auf andere – oder zumindest auf ein anderes Ich.

Thomas H. ist dreiundzwanzig, als er das erste Mal tötet. Am Abend des 23. November 1987 sieht er die 20-jährige Sandra M. „aus den Augenwinkeln“, wie er es später dem psychiatrischen Sachverständigen erzählt. Die Studentin ist gerade mit der S-Bahn in Hamburg-Rissen angekommen, wo sie noch bei ihren Eltern lebt, und auf dem Weg zu einer Freundin. Sie wollen zusammen Squash spielen.

Doch statt zum Sport zu gehen, gerät die junge Frau in eine Falle. Der Grafiker, der ebenfalls in der Nähe wohnt, hält seinen Wagen neben ihr, schaltet die Scheinwerfer aus und steigt aus dem Auto – mit einem Messer in der Hand. Was ihn dazu getrieben habe, bezeichnet er im Gespräch mit dem Gutachter als „nicht freiwillig. Es war ein innerer Kampf. Ich habe Höllenqualen gelitten." Ihm sei gewesen, „als wenn die Schläfen rausspringen. Es war mit mir vorbei, ich hatte keine Gegenwehr anzubieten." Er sei höflich und zuvorkommend geblieben, behauptet er. Ganz so, als hätte die Frau angesichts des Messers in seiner Hand eine Alternative gehabt. Und dann kommt dieser Satz, der eine Ahnung davon gibt, wie Thomas H. sein Verbrechen wertet: „Ich war schweinenett zu den Frauen."

Er bringt die 20-Jährige in das Haus, in dem er zur Miete wohnt, und geht mit ihr in das obere Stockwerk, während unten die Vermieterin ihre Verrichtungen macht. Er will ein Wohlfühl-Szenario geschaffen haben, mit Wein und Kerzen und klassischer Musik aus einem Radiowecker, wie bei einem ersten romantischen Treffen, inklusive Sex. Anschließend, so sagt er, habe er einen Kampf mit sich selbst und seinem Gewissen ausgefochten, an dessen Ende seine Entscheidung stand, dass es ihre letzte Stunde sein würde. „Ich konnte es nicht aufhalten. Ich wusste, dass sie sterben wird, das war ja die Option." Der Mord als alternativlose Entscheidung? Er will es so verstanden wissen. „Ich musste es tun. Wenn es vorbei ist, bin ich wieder Thomas H." Dann habe er sich zu der Frau gekniet, ihr die Haare gestreichelt und ihre Wange und Stirn geküsst. Dann sagt er Tschüs, so erzählt er es vor Gericht, und stranguliert die junge Frau. Sehr wahrscheinlich benutzt er dazu ein Kabel, wie Rechtsmediziner später feststellen.

Ihr Leichnam wird zwei Tage nach dem Mord in der Nähe von Kaltenkirchen gefunden. Einen Teil der Kleidung des Opfers hat der Täter vorher schon an unterschiedlichen Orten verstreut. Ob er denn nach dem Verbrechen habe schlafen können, will der Gutachter von dem geständigen Mörder wissen. „Natürlich konnte ich schlafen", antwortet der, als wundere er sich, dass jemand auf die Idee kommt, das Gewissen könne ihn geplagt haben. „Es war ja alles aufgeräumt."

Keine drei Monate später schlägt der gerade vierundzwanzig Jahre alt gewordene Mann wieder zu. Mittlerweile wohnt er nicht mehr in Rissen, er ist nach Rahlstedt umgezogen. Dort stoppt er in den späten Abendstunden des 11. Februar 1988 seinen Wagen auf einer Straße und spricht eine 29-Jährige an, die nach einer Veranstaltung zu Fuß auf dem Weg nach Hause ist. Er fragt sie nach dem Weg zur Polizei und nimmt sie im Auto mit. Sie sei „ein bisschen angedüdelt" gewesen und habe es „total toll" gefunden, mitgenommen zu werden, erzählt der Verbrecher später. Sie hätten sich angeregt unterhalten und seien so ins Gespräch vertieft gewesen, dass sie an ihrer Zieladresse vorbeifuhren.

Sie habe sich zu ihm einladen lassen, sei dann aber in seiner Wohnung „völlig ausgerastet“ und habe nur noch weg gewollt. Er schlägt sie und schneidet ihr „die Klamotten vom Leib“. Dann fesselt er die zweifache Mutter aufs Bett, missbraucht und martert sie mit einem Messer und mit Verbrennungen durch eine Zigarette. Gefragt, was die Frau wohl bei den Quälereien empfunden habe, antwortet der Angeklagte kühl: „Schön war es mit Sicherheit nicht für sie.“ Über irgendwelche Gefühle bei sich selbst könne er „überhaupt nichts sagen. Ich glaube, dann habe ich sie erwürgt.“ Wieder spricht er davon, dass er keine andere „Option“ gehabt habe. Als hätte nicht er, sondern eine unbezwingbare Macht die Hände um den Hals der jungen Mutter gelegt. Die unbekleidete Tote bringt er später auf einen Acker bei Bargfeld-Stegen.

Eine 22-jährige Kosmetikschülerin ist die nächste, die dem Serienmörder zum Opfer fällt. Es ist der 27. November 1990, als sie auf dem Heimweg ihren Zug verpasst. Thomas H. bietet ihr eine Mitfahrgelegenheit an. „Ich bin voll in die Eisen gegangen.“ Sie hätten über Hunde gesprochen, schildert er. „Sie war unwahrscheinlich zutraulich.“ Er habe noch gegen den Tötungszwang angekämpft, sei aber wütend geworden, als sie seinen inneren Kampf nicht bemerkt habe. „Das hätte sie sehen müssen, aber sie hat naiv drauflos geplappert. Ich wusste, dass ich sie töten würde. Ich hatte keinen Zugriff mehr auf mich selbst.“

Und wieder will er „schweinemäßig nett“ gewesen sein. Er habe ihr ein Getränk angeboten. „Und ich war total zärtlich und fürsorglich“, bevor er seinem Drang zu töten nachgab und sie wie die beiden anderen Frauen erwürgte. Dann holte er die „rote Hundedecke", Beil und Säge und verstümmelte die Hände der Toten. Der Leichnam der 22-Jährigen wird fünf Tage später von einem Spaziergänger in einem nahe gelegenen Wald in der Gemeinde Holm-Seppensen gefunden, wo auch Thomas H. zu diesem Zeitpunkt lebt.

Als die Rechtsmediziner die drei von Thomas H. verschleppten und getöteten Frauen untersuchen, führt dies zum Nachweis eines vielfältigen und zum Teil sehr bizarren Verletzungsmusters. Es zeigen sich die Folgen der sexuellen Übergriffe im Genitalbereich, zum Teil auch mit Spermaspuren, zusätzlicher stumpfer äußerer Gewalteinwirkung sowie des Tötungsmechanismus durch Erdrosseln beziehungsweise Erwürgen. Die weiteren, sehr unterschiedlich ausgeprägten Verletzungen waren den Frauen zugefügt worden, um sie gefügig zu machen und zu quälen. Zusätzliche Verletzungen am Körper, zum Teil auch Verstümmelungen wie das Abtrennen von Fingern und das Herausschneiden von Hautpartien, erfolgten teilweise noch zu Lebzeiten, teilweise auch nach dem Tode der Opfer. Als Werkzeuge dienten Nadeln, Messer und ein Beil. Die Toten werden in den Medien und später in den Ausführungen vor Gericht als „schrecklich" beziehungsweise „grauenvoll" zugerichtete Leichname beschrieben.

In den Prozessen präsentierte die Kriminalpolizei sehr viele spurenkundliche Beweise aus dem Auto und der Wohnung des Mörders, die seine Täterschaft eindeutig bewiesen.

Neben den drei Morden, die Thomas H. gestand, gab es noch eine Reihe von Fällen mit Tötungszwang, die allerdings glimpflich endeten, wie er es schildert. Im Sommer 1987 habe es im Urlaub eine blonde Schwedin gegeben. „Ich wollte sie umbringen“, erzählt der Grafiker. Er legte ihr den Arm um den Hals, um sie zu würgen, aber sie hat ihm entkommen können. Sein Drang zu Töten habe danach nachgelassen. „Und ich war wieder ich.“ Im November 1987 sei er während des Geschirrspülens plötzlich aus dem Zimmer gerannt, um eine Frau zu suchen, die er töten könne. Als er keine findet, fährt er nach Hause. „Da habe ich dann weiter abgewaschen.“ Im Januar 1988 macht er sich wieder die Suche nach einer Frau, um diese dann umzubringen. „Es wäre passiert, hätte ich eine gefunden.“

Schließlich, ebenfalls im Januar 1988, überwältigt er eine Schülerin in Wandsbek. Thomas H. bedroht die Gymnasiastin auf offener Straße mit einem Messer und zwingt sie, mit in seine Wohnung zu kommen. Dort fesselt er sie an Händen und Füßen. Er knebelt die 19-Jährige, bis ihr Zungenbändchen einreißt, und bindet ihr einen Schal über den geknebelten Mund. Dann vergewaltigt er sie. Sie fügt sich in ihr Schicksal, es erscheint ihr nach der vorausgegangenen Gewalt und angesichts der Übermacht des Täters aussichtslos, Widerstand zu leisten.

Ein Hamburger Amtsgericht verurteilte den 24-Jährigen im Mai 1988 wegen Nötigung, Freiheitsberaubung und Körperverletzung zu achtzehn Monaten Freiheitsstrafe – auf Bewährung. Das Gericht hielt dem Mann zugute, dass sich die junge Frau nicht gewehrt hatte. Es sei dem Angeklagten nicht zu widerlegen, „dass er in seiner Verblendung ernsthaft gemeint hat“, sie mache beim Sex freiwillig mit und habe sogar Sympathie für ihn entwickelt. Der Täter wurde damals, weil man die Tat offenbar nicht als sonderlich beunruhigend ansah, nicht begutachtet.

Auch die 19-Jährige, so gestand Thomas H. es später bei seinem Mordprozess dem psychiatrischen Sachverständigen, habe er eigentlich töten wollen. Doch seinem „anderen Ich“ sei es „gelungen, die Oberhand zu gewinnen“. Deshalb ließ er sie laufen. Schließlich habe ihn im Februar 1989 in Eimsbüttel erneut sein Drang, ein Opfer umzubringen, überkommen. Die Frau, die er sich ausgesucht hatte, schrie um Hilfe und entkam. „Das war auch gut so“, meinte er in der Rückschau dazu. Im Stadtpark ging er wieder auf Opfersuche. Später versuchte er, Anhalterinnen zu überwältigen. Auch eine Radfahrerin, die er zufällig sah, verfolgte er. Doch er konnte sie nicht einholen.

Und schließlich erzählt Thomas H. von der ersten Situation, in der er den Drang zu töten verspürte. Gerade zehn Jahre war er damals alt. Es sollte seine Nachbarin treffen, die er erstechen wollte. Aber auch diese Fantasien eines Jungen, der da gerade der Grundschule entwachsen war, gesteht er, ohne dass ihm Gefühle anzusehen sind. Trotzdem, so beteuert er, hoffe er auf Hilfe. Hätte er drei Wünsche frei, sagt der Angeklagte gegenüber dem Gutachter, würde er zwei darauf verwenden, dass ihm Hilfe zuteil wird. Und er wolle, dass seine Familie das alles nicht zu sehr mitnimmt.

Die Tötung der zweiundzwanzig Jahre alten Kosmetikschülerin ist der erste Fall, in dem Thomas H. als Täter in Verdacht gerät. Der Prozess findet ab Mai 1992 vor dem Landgericht Stade statt. Die Polizei hatte den Mann wegen seiner früheren Vorstrafe aus Hamburg-Wandsbek überprüft und dabei Kleidung der Getöteten gefunden. Zudem fanden Ermittler auf dem Grundstück des Verdächtigen verbrannte Knochenreste.

Die getötete Frau war am Tatort nahezu nackt aufgefunden worden, nur mit einem Slip bekleidet. Am Hals fanden sich Würgemale. Der Leichnam war verstümmelt, an der linken Hand waren die Finger amputiert, die rechte Hand war vollständig abgetrennt. Rechtsmedizinische Untersuchungen ergaben, dass dafür ein Beil benutzt wurde. Naheliegend war, dass der Verbrecher mit den Amputationen von Fingern und Hand eine Identifikation des Opfers erschweren wollte. Außerdem hat der Täter das linke Auge der Toten stark verstümmelt. Geschah auch das, damit sie nicht so leicht identifiziert werden kann? Es wird überlegt, ob die Manipulationen im Gesicht des Opfers mit einer Augenerkrankung der damaligen Freundin des Täters zusammenhängen können: als habe er diese Einschränkung gleichsam auf sein Opfer übertragen wollen.

Doch das Motiv bleibt im Dunkeln. Der Angeklagte schweigt dazu, ebenso wie er im ganzen Prozess außer seinem Namen und seinem Geburtsdatum nichts sagt. Überführt wird er letztlich unter anderem wegen eindeutiger Spuren: Fasern, die bei dem Leichnam gefunden wurden, sind laut einem Gutachten identisch mit denen einer Hundedecke, die bei Thomas H. zu Hause sichergestellt wurde.

Weil ein Gutachter beim Angeklagten eine „narzisstische Selbstwertkrise“ als Motiv vermutet, verhängt das Landgericht Stade letztlich zwölfeinhalb Jahre Freiheitsstrafe gegen Thomas H. wegen Totschlags und Nötigung. Von einer Vergewaltigung geht die Kammer – wie schon im Fall der Wandsbeker Schülerin das Amtsgericht – nicht aus. Das Opfer habe, so der Vorsitzende Richter, den Sex „erduldet, um Schlimmeres zu verhindern“. Thomas H. habe sie vermutlich vorher massiv bedroht. „Eine Gaswaffe, Messer und Skalpelle waren als Werkzeuge vorhanden.“ Nach der Tat müsse Thomas H. erkannt haben, dass „er sein Leben verpfuscht hat“. Das Urteil wird vom Bundesgerichtshof aufgehoben. Eine neue Entscheidung lautet nun auf Mord in Tateinheit mit Vergewaltigung. Jetzt erhält Thomas H. vierzehn Jahre Freiheitsstrafe, seine Unterbringung in der Psychiatrie wird angeordnet.

Zu dieser Zeit, im Januar 1993, läuft schon das Verfahren wegen der beiden Morde in Hamburg an der 21-jährigen Studentin und der 29-jährigen Hausfrau. Thomas H. wirkt zu Prozessbeginn in seinem anthrazitfarbenen Pullover und mit dem schmalen Mund, der ein Lächeln andeutet, beinahe unbekümmert. Nichts ist in seinem Gesicht oder seiner Körperhaltung zu erkennen, das eine Anspannung vermuten ließe, geschweige denn Reue. Die neuerliche Anklage, zwei Frauen zur Befriedigung seines Geschlechtstriebs oder zur Verdeckung einer Straftat heimtückisch ermordet zu haben, scheint ihn nicht zu berühren. Ein kühles „Nein“

ist alles, was er auf die Frage des Vorsitzenden antwortet, ob er sich zu den Vorwürfen äußern wolle.

Und so äußerlich unbewegt bleibt der Anklagte auch in weiten Teilen des Prozesses, etwa als der Rechtsmediziner die Strangulationsmarke am Hals der jungen Studentin beschreibt und ausführt, ihr Todeskampf habe „länger gedauert". Diese beständige Ausdruckslosigkeit ist ein Detail, auf das der psychiatrische Sachverständige in seinem Gutachten eingeht: „Maskenhaft", so sagt der Experte, reagiere Thomas H., auch wenn er in Bedrängnis komme. Als er schließlich, nach nunmehr fünfzehn Verhandlungstagen, in einem Gespräch mit dem Sachverständigen die Morde gesteht, erledigt er dies mit nahezu roboterhafter Kühle. Kein Wort der Empathie für seine Opfer klingt in den Worten des Angeklagten durch, schildert der Gutachter später im Prozess. Da sei keinerlei Andeutung von Reue gewesen, Bedauern, Scham oder Entsetzen über seine Verbrechen. Mit einer Emotionslosigkeit, als referiere er Inhalte eines Sachaufsatzes oder schildere die Wettervorhersage, nennt Thomas H. Details der Verbrechen, die fassungslos machen. Und was ist mit den weiteren neun Fällen, in denen es ihn zu Tötungen drängte, sich aber nicht die Gelegenheit dazu ergab? Hätten es auch insgesamt zwölf Morde werden können? Oder noch mehr, wenn er nicht gefasst worden wäre?

Es ist kaum anzunehmen, dass sich der Zwang zu töten irgendwann gelegt hätte. Über Serienmörder ist bekannt, dass die Hemmschwelle zum Töten in den meisten Fällen mit jedem Verbrechen weiter abnimmt und die Zeit, in der die Befriedigung durch ein vollendetes Delikt anhält, sich in der Regel immer weiter verkürzt.

Warum aber hat Thomas H. Menschen getötet? Um diesen Taten auf den Grund zu gehen, gehen die Sachverständigen in seiner Biografie bis weit in die Kindheit zurück. Als er etwa sechs Jahre alt ist, stellen Ärzte bei dem Jungen einen frühkindlichen Hirnschaden fest. Es ist ein minimaler Defekt, der später, im Erwachsenenalter, nicht mehr nachzuweisen ist. Doch die Vermutung drängt sich auf, dass der Junge in einem frühen Entwicklungsstadium auf eine Spur geraten ist, die ihn später auf Abwege führt. Der Hirnschaden äußert sich in extremer Unruhe, sodass die Mutter von vielen Wutanfällen ihres Sohnes berichtet. Dabei war ihr Sohn Thomas doch eigentlich ein „Wunschkind". Sie habe früher geglaubt, was man einem Kind an Zuwendung entgegenbringe, werde in gleichem Maß erwidert. Doch bei Thomas hoffte sie vergeblich auf ein liebevolles Miteinander. „Es war anders, als es in den Büchern stand", sagt die Mutter. Der Junge bekommt Beruhigungsmittel verschrieben.

Als Thomas H. dreizehn Jahre alt ist und seine Mutter ihm eine Ohrfeige verpasst, schleudert er sie gegen eine Wand und bricht ihr das Handgelenk. „Du schlägst mich nie wieder, ohne mich vorher anzuhören", soll er gefordert haben. „Er war sehr erregt und ich sehr erschrocken", schildert die Mutter die Situation. Bei anderen Wutanfällen gingen im Elternhaus Möbel und eine Gitarre zu Bruch. Später dann, so der Sachverständige, haben schwere neurotische Störungen unter dem Aspekt permanenter narzisstischer Spannungen zu den

Morden geführt. Der Gutachter spricht von einem „gemütlosen Psychopathen“. Die Schuldfähigkeit des Angeklagten sei definitiv eingeschränkt. Und die Prognose sei außerordentlich ungünstig. Denn helfen könne, wenn überhaupt, nur noch „ein ungeheuer guter Psychotherapeut“. Wie Thomas H. zu behandeln sein werde, wisse niemand genau. „Denn so viele Fälle“, sagt der Gutachter, „gibt es Gott sei Dank nicht.“ Der Hamburger sei ein Mensch mit „unverminderten Tötungstrieben“ und „extremer Rückfallgefahr“.

Welches Leid der Mann mit seinen Taten verursacht hat, wird durch Aussagen von Zeugen, von Angehörigen, von Sachverständigen immer wieder im Prozess deutlich. Vor allem aber wird der Schmerz von zwei Menschen offenbar. Zwei Menschen, die nicht zum Prozess gekommen sind, weil sie die Atmosphäre im Gerichtssaal und die Nähe des Angeklagten nicht ertragen können, wie sie sagen. Wie sehr der Verlust ihrer Tochter schmerzt, wie tief die Wunden bei den Eltern sind, Wunden, die sich nicht schließen lassen, haben die Mutter und der Vater des ersten Mordopfers in einem Brief formuliert, der im Prozess verlesen wird. Selten hat es in einem Hamburger Gerichtssaal ein eindringlicheres Dokument von Schmerz und Verlassenheit gegeben.

Die Eltern sprechen von „Not und Ohnmacht“, von „Wut und Schmerz“. Sie mahnen, dass in einem Strafprozess „immer nur der Täter im Mittelpunkt der Aufmerksamkeit und des Interesses“ stehe. „Das Opfer aber ist oft nur noch in den Akten existent, und es besteht die Gefahr, dass es im wortwörtlichen Sinn lediglich ein Schattendasein führt. Dass dieses Opfer einmal ein junges, lebendiges Menschenskind gewesen ist, welches an der Schwelle zum Erwachsenen-Dasein mit einer hoffnungsvollen Zukunft stand, als 20-jährige Frau das Leben noch vor sich wissend, wird allzu leicht bei den nüchternen Fakten vergessen", schreiben die Eltern. „Und noch etwas läuft Gefahr, ins Hintertreffen zu geraten. Jedes Opfer lässt zahlreiche Hinterbliebene zurück. Eltern, Großeltern, Geschwister, Freunde und Freundinnen – Menschen, die es liebten und schätzten. Jeder Einzelne dieser Menschen hat nicht nur etwas Unwiederbringliches verloren, ihnen ist nicht nur etwas für immer genommen worden, sondern es ist mit unserer Tochter auch ein Teil der eigenen Lebensgeschichte, der eigenen Vergangenheit wie aber auch der Zukunft gestorben. Ein Teil der eigenen Seele ist ausgelöscht worden, ja, man kann sagen, ein Teil des eigenen Selbst ist ebenfalls ermordet worden. So betrachtet, kommt zu dem Mord noch die Summe aller Teilmorde an all den Menschen, die sie liebten. Mit solchen Augen besehen, kommt jeder Mord fast einem Doppelmord gleich (...)."

All dieses Leid scheint nicht zu Thomas H. durchzudringen. Der Staatsanwalt sagt später in seinem Plädoyer über den 28-Jährigen: „Es kam ihm darauf an zu töten. Sein Erfolg, der Tod, war zu verwirklichen." Auch bei der Urteilsverkündung bleibt das Gesicht des Angeklagten blass und zu seiner undurchdringlichen Maske erstarrt. Die Entscheidung des Gerichts, das auf lebenslange Freiheitsstrafe und Einweisung in eine psychiatrische Anstalt erkennt, kann auch für Thomas H. kaum überraschend sein.

Tatsächlich, so die Überzeugung des Gerichts, hat Mordlust den jungen Mann zu seinen Verbrechen getrieben. „Tötung als Ausübung totaler Macht über eine Frau", wie es in der Urteilsbegründung heißt. Überführt ist er nach Überzeugung der Kammer nicht nur durch sein Geständnis, das er gegenüber dem Sachverständigen abgegeben hat. Wesentlich sind vor allem Faserspuren an den Toten, die einem Gutachten zufolge eindeutig Gegenständen aus dem Besitz von Thomas H. zuzuordnen sind. So beweisen etwa Faserspuren einer Matratze aus seinem Zimmer an der Kleidung der Opfer, dass die Frauen in seiner Wohnung gewesen sind. Auch spezielle Teppichfasern aus seiner Wohnung werden an der Kleidung der getöteten Frauen gefunden. Und schließlich haben bestimmte Lackpartikel aus seinem Auto, die ebenfalls an dem Leichnam eines der Opfer gefunden werden, hohen Beweiswert.

Seine Schilderungen, dass die Frauen angeblich freiwillig mit ihm mitgegangen seien und ebenso aus freien Stücken dem Geschlechtsverkehr zugestimmt hätten, nimmt ihm das Gericht nicht ab. So habe die 29-jährige zweifache Mutter, die nur wenige hundert Meter von ihrer Heimatadresse entfernt zu ihm in den Wagen stieg, dies sicherlich nur unter Zwang getan, ist das Gericht überzeugt. Sie habe es bestimmt nicht „total toll" gefunden, mitgenommen zu werden, wie der Angeklagte es glauben machen wollte. Auch seiner Schilderung, dass sie so ins Gespräch vertieft gewesen seien, dass sie an dem Haus der Frau vorbeifuhren, schenkt die Kammer keinen Glauben. Tatsächlich seien alle drei Opfer Thomas H. „hilflos ausgeliefert" gewesen. Vor allem die 29-Jährige, die von dem Verbrecher gefesselt und gefoltert wurde, habe entsetzlich leiden und Todesängste durchstehen müssen. „Er wollte sie nicht nur töten, sondern auch noch vorher besonders quälen", heißt es in dem Urteil. Als Thomas H. der Frau die Kleider vom Leib schnitt, brach er, wie der Vorsitzende Richter das Leid des Opfers zusammenfasst, „gleichsam die Brücken hinter ihr ab". Die Frau erkannte, dass der Vergewaltigung der Tod folgen würde, unerbittlich und unausweichlich. Hier spricht das Gericht von einem „besonders hohen Maß an Zielstrebigkeit und Brutalität des Angeklagten in Richtung einer Vernichtung" des Opfers.

Dieser Mann, da sind sich alle Experten einig, darf wegen seiner fortbestehenden Gefährlichkeit nie wieder in Freiheit kommen.

Und doch gelingt es Thomas H. am 27. September 1995, aus der geschlossenen Abteilung der Psychiatrie zu entkommen. Er hat es geschafft, seine Therapeutin zu umgarnen, sodass sie heimlich und aus Zuneigung zu diesem unberechenbaren Mann seine Flucht unterstützt. Hat die Liebe sie so blind gemacht, dass sie darauf vertraut, er werde nun niemandem mehr etwas zuleide tun?

Bei der Polizei läuft die Fahndung nach dem dreifachen Mörder auf Hochtouren, und schnell gerät auch die Therapeutin in Verdacht, ihm geholfen zu haben. Als sie 250 000 Mark von ihrem Konto abhebt, wird sie wegen Fluchthilfe verhaftet. Das Kalkül der Polizei: Wenn seine engste Vertraute und Unterstützerin ihm nicht mehr zur Seite stehen kann, wird sich der Mörder stellen. Tatsächlich taucht der 32-Jährige am 30. Dezember, drei Monate nach seiner Flucht, bei einer Wache auf und stellt sich. Thomas H. kommt erneut in den Hochsicherheitstrakt der geschlossenen Psychiatrie. Seine Therapeutin erhält eine Bewährungsstrafe dafür, dass sie ihm bei seiner Flucht geholfen hat.

Fünfzehn Monate später heiratet das Paar in einem Untersuchungsgefängnis. Wirkliche, enge Nähe gibt es für den verurteilten Mörder und seine Frau aber nicht: Ihr Versuch, den „Vollzug der Ehe“ vor Gericht einzuklagen, scheitert. Die Begründung des Gerichts: Wären die beiden allein, bestehe Gefahr für Leib und Leben der Frau.

Wie die „Handschrift“ einen Täter verrät

Aus den Befunden der Verletzungen eines Opfers lassen sich Rückschlüsse auf das Motiv und die Täterpersönlichkeit ziehen. Doch erst unter Beachtung aller bekannten Faktoren werden Verletzungen interpretierbar.

Absichtliche Gewaltanwendungen sind entweder zum Erreichen des Tatziels erforderlich (Modus operandi), oder sie werden als Täterverhalten verstanden, das über das absolut Notwendige der Tatbegehung hinausgeht (die sogenannte „Handschrift“).

Korrigierendes Eingreifen des Täters beschreibt eine Kategorie, womit das Opfer zur Unterwerfung bewegt beziehungsweise eingeschüchtert werden soll, wenn es sich nicht gemäß den Tätervorstellungen verhält.

Im Gegensatz dazu liegt die Kategorie Bestrafung und Vergeltung auf einem deutlich höheren Gewaltniveau. Man findet aufgrund exzessiver Krafteinwirkung ausgedehnte, schwere Verletzungen. Bei einer Vergewaltigung kann der Täter sein Opfer beispielsweise so exzessiv schlagen und treten, dass es an den Folgen der Verletzungen stirbt. Oder als Vergeltungsmaßnahme werden dem lebenden Opfer beispielsweise die Arme mit einer Axt verstümmelt, und es verblutet.

Auf Kontrolle ausgerichtete Gewalt zielt darauf, das Opfer zu manipulieren, zu begrenzen und zu unterwerfen. Die kontrollierende Gewalt ist ein direktes Mittel dazu. Das Opfer wird gezwungen, sich zu fügen. Ein Beispiel ist das gewaltsame Herunterreißen der Kleidung, nachdem das Opfer sich weigert, es selbst zu tun. Eventuell fesselt der Täter dem Opfer die Hände oder wendet eine sonstige Art der Fesselung und Immobilisierung an.

In die Kategorie Vorsichtsmaßnahmen fallen Verletzungsmuster, die mit der Absicht zugefügt werden, die Ermittlungsarbeit oder die Identifikation des Opfers zu erschweren und Spuren zu beseitigen. Dazu gehören etwa das Abschneiden von Händen oder Fingern des Opfers, ein Zerschneiden des Gesichts oder sogar ein Abtrennen des Kopfes. Weiter kann hierzu auch das Beibringen postmortaler Verletzungen zur Vortäuschung eines Sexualdelikts zählen, um so von einer Beziehungstat abzulenken.

Experimentierverhalten des Täters bezeichnet eine Gewaltanwendung, die nicht aggressive, psychologische, fantasiebezogene Bedürfnisse des Täters befriedigt. Dazu bedarf es keines lebenden Opfers. Häufig spielen sexuelle Bedürfnisse hierbei eine Rolle. Zu dieser Kategorie zählen Formen der offensiven Leichenzerstückelung. Beispiele sind das postmortale Ausweiden eines Opfers, das Zufügen postmortaler Bissverletzungen, das postmortale Entfernen von Geschlechtsteilen oder das postmortale Einführen von Gegenständen in Körperöffnungen.

Durch sexuell orientierte Gewalt befriedigt ein Täter seine sexuellen Bedürfnisse. Die dabei zugefügten Verletzungen müssen keineswegs auf die Genitalorgane beschränkt sein. Andererseits ist zu beachten, dass genitalen Verletzungen nicht zwangsläufig ein sexuelles Bedürfnis zugrunde liegen muss. Folgende Beispiele für speziell sexuell motivierte Manipulationen sind anzuführen: aufwendige Fesselung eines Opfers; Fotografieren in für den Täter bedeutsamen Posen; Einführen eines Gegenstands in Vagina oder Anus; Quälen des Opfers durch Zufügen einer Vielzahl oberflächlicher Stich- und Schnittverletzungen (man spricht von sog. Piquerismus) oder durch Piercing mit Nadeln; Kneifen, Schlagen oder Einschneiden der Brüste eines Opfers; Zufügen von Bissverletzungen.

Einer gleichartigen Verletzung können in verschiedenen Fällen völlig unterschiedliche Motivationen zugrunde liegen. In einem Fall kann die Fesselung dazu dienen, Kontrolle über das Opfer auszuüben, ebenso kann sie der Befriedigung von sexuellen Bedürfnissen dienen. Ist die Fesselung nicht mehr vorhanden, können die Fesselungsmarken Aufschlüsse über die Art der Fesselung und das verwendete Fixiermaterial geben.

Aspekte, die für eine sexuell motivierte Fesselung sprechen, sind etwa Parallelität und Symmetrie der Schlingenführung, Sauberkeit der Schlingenführung, Fesselung von nicht notwendigen Körperregionen (z. B. der Brüste).

Insbesondere bei sexuell motivierten Verstümmelungen sind die Täterfantasien grenzenlos. Hier richtet sich die Gewalteinwirkung häufig gegen die primären und sekundären Geschlechtsorgane.

DIE FRAU, DIE ZU ALLEM BEREIT WAR – AUCH ZUM MORD

Dankbarkeitssex. Ein Wort wie ein Schlag ins Gesicht. Doch das war tatsächlich alles, was Jacob B. gewillt war zu geben – jener Frau, die alles für ihn getan, alles riskiert und alles verloren hat. Ihre wirtschaftliche Existenz, ihre Redlichkeit, ihre Moral, ihre Freiheit. Dankbarkeitssex also, ein schneller, liebloser Akt. Nichts mit ehrlicher Hingabe und vor allem nichts von zärtlicher Zweisamkeit, die in die Zukunft gerichtet ist. Wenn Alina M. dieses Wort „Dankbarkeitssex" hört, dann kann das nur sehr wehtun. Denn eigentlich, so hatte es sich die 39-Jährige erhofft, sollte es eine Beziehung mit ihrem Traummann sein, erfüllend, harmonisch, ein Leben lang.

Was sich dann tatsächlich entwickelt hat, liegt Galaxien von einem glückseligen Leben entfernt. Es erwächst ein Drama, das viele Verlierer hervorbringt und keinen Gewinner. Eine Tragödie voller Lügen, Intrigen, Abhängigkeiten und Niedertracht, bei der ein Mensch schwer verletzt wird und beinahe zu Tode kommt – Opfer eines teuflischen Plans und kaltblütiger Berechnung.

Gesponnen hat die Intrigen ein Mann, der kaum etwas zu geben bereit war, der aber alles haben wollte, möglichst im Überfluss: Luxus, Leichtigkeit und Lust. Und der eine Frau an seiner Seite wusste, die ihm in blinder Gefolgschaft ergeben war, bis zur vollständigen Selbstverleugnung. Sie würde „alles für ihn tun", hat sie ihm versprochen. Wirklich alles.

Sogar Mord?

Der Tag, an dem die Tragödie ihrem dramatischen Höhepunkt zutreibt, ist der 29. November 2017. An diesem Tag zerbricht das Leben einer arglosen Frau. Die 34-jährige Sabrina B. liegt im Bett und hört Musik, wie sie es jeden Morgen macht, nachdem sie ihren acht Jahre alten Sohn zur Schule gebracht hat. Plötzlich steht eine unbekannte Frau im Schlafzimmer des Hamburger Einfamilienhauses, in der einen Hand ein Messer, in der anderen eine Softair-Waffe. Die Fremde ist maskiert, sie setzt sich auf die Beine des Opfers, schlägt ihr mit der Pistole gegen den Kopf und sticht ihr das Messer in den Bauch. Dann fordert sie die erstarrte Frau auf, sich auf den Bauch zu drehen. Als die vollkommen verängstigte Sabrina B. dem Folge leistet, sticht die Angreiferin erneut zu, heftiger diesmal. Das Opfer fängt an, um sein Leben zu kämpfen. Mit all ihrer noch verbliebenen Kraft versucht die schwerverletzte Frau, ihre Peinigerin am weiteren Zustechen zu hindern. Irgendwie gelingt es ihr, die Fremde wegzustoßen. Das Opfer stürzt zum Balkon, nackt und blutend, und ruft panisch um Hilfe. Die Frau, die sie niedergestochen hat, flieht.

Das Opfer hat unter anderem eine potenziell lebensgefährliche Schnittverletzung in die Lunge davongetragen. Doch es ist viel mehr zerstört als ihre Gesundheit. Ihr ganzes Dasein, so wie sie es kannte, ist aus den Angeln gehoben. Der Mann, mit dem sie ihr Leben teilte und mit dem sie ein Kind hat, ist ein vollkommen Fremder geworden. Ein Verbrecher.

Und auch für die Angreiferin Alina M. erwachsen überraschende und zutiefst schmerzvolle Wahrheiten. Der Mann, für den sie alles riskiert hat, für den sie zur Kriminellen geworden ist, hat nicht nur eine andere Frau. Er hat sogar drei Frauen!

Sechs Monate später führt das Leben die Protagonisten dieses Dramas wieder zu einem gemeinsamen Schauplatz. Sie sitzen in einem Gerichtssaal, auf der einen Seite zwei Menschen als Angeklagte und ihnen gegenüber und nur wenige Schritte entfernt jene Frau, die den heimtückischen Messerangriff nur knapp überlebt hat. Das Opfer sitzt als Nebenklägerin im Prozess, eine aparte Frau mit langem schwarzem Haar. Vor Verhandlungsbeginn hat die 34-Jährige ihre Augenpartie hinter einer schwarzen Sonnenbrille verborgen und einen Schal über Kinn und Nase gezogen. Doch sie will sich nur vor den Fotografen verbergen, nicht aber vor der Wahrheit.

Als das Blitzlichtgewitter vorüber ist, fixiert Sabrina B. mit kühlem, forschendem Blick Jacob B., ihren Mann, der ihr laut Ermittlungen nach dem Leben getrachtet hat. Ist es sein schlechtes Gewissen, das den 40-Jährigen die Augen zur Seite wenden lässt? Nervosität, weshalb er sich mit den Händen wie zwanghaft über die Wangen fährt? Womöglich Scham, die ihn in eine leicht gebeugte Haltung zwingt? Das T-Shirt, das der schmale Mann mit dem Dreitagebart trägt, verkündet etwas anderes. „Smiles are viral“ steht da in großen Lettern. Also: „Lächeln ist ansteckend“ oder „Lächeln geht um die Welt“. Soll das ein Statement sein, nach dem Motto: Hier sitzt ein netter, freundlicher Kerl, der unschuldig ist?

Die Staatsanwaltschaft sieht das ganz anders. Sie geht davon aus, dass Sabrina B. sterben sollte, damit ihr Mann an zwei Lebensversicherungen gelangen kann. 400 000 Euro würde er damit insgesamt kassieren. Doch selbst diese hohe Summe hätte nicht ausgereicht, um Jacob B. von seinen Schulden zu befreien. Den Ermittlungen zufolge hatte der Lebemann erhebliche Verbindlichkeiten angehäuft. Zudem habe er, so die Staatsanwaltschaft, seine Ehe als gescheitert angesehen und gefürchtet, bei einer Scheidung das Sorgerecht für den gemeinsamen acht Jahre alten Sohn zu verlieren. „Er schmiedete den Plan, seine Frau töten zu lassen“, heißt es in der Anklage. Darin habe er die Lösung seiner Probleme gesehen.

Zunächst soll der 40-Jährige versucht haben, einen Bekannten für den Mord anzuheuern. Als dieser abwinkte, soll Jacob B. einen Albaner als Auftragskiller gewonnen haben. 50 000 Euro Honorar waren demnach ausgemacht. Doch als der Albaner 7300 Euro Anzahlung erhielt, so die Anklage weiter, habe er sich abgesetzt. Nun sollte die Freundin, die Jacob B. vollkommen ergeben war, die Mitangeklagte Alina M., den schmutzigen Job übernehmen. Es wurden „verschiedene Möglichkeiten erörtert“, wie die 39-Jährige die Ehefrau umbringen sollte. Laut Ermittlungen reiste die Freundin der ahnungslosen Sabrina B. unter anderem nach Prag und nach Barcelona hinterher, um sie zu überwältigen und zu töten. Als diese Vorhaben scheiterten, fuhr sie mehrfach zu einem Einkaufszentrum, in dem Sabrina B. arbeitete, und versuchte, ihr auf einem Parkdeck aufzulauern. Ein Messer hatte sie immer griffbereit im Rucksack. Als auch dieser Plan nicht aufging, sollte Alina M. die Ehefrau in deren Haus angreifen. Schließlich, am 29. November 2017, kommt es im Schlafzimmer der Eheleute zu der Tat. Alina M. sticht zu, das Opfer wird lebensbedrohlich verletzt.

Die Angeklagte Alina M. ist eine zart gebaute Frau, die ihr Haar so straff nach hinten zu einem Knoten gerafft hat, dass es ihrem Gesicht einen verhärmten Ausdruck verleiht, der eigentlich nicht zu ihr zu passen scheint. Kraftlos wirkt sie und zugleich erstarrt, mit müdem Blick und tiefen Schatten unter den Augen. Sie fingert offenbar unbewusst an den Ärmeln ihrer Stickjacke herum, die ihren schmalen Körper noch dünner wirken lässt. Ihre Stimme ist leise, sie scheint nach Worten zu suchen, immer mühsamer und zaghafter, je weiter die 39-Jährige in ihrer Erzählung vordringt. Es ist eine traurige Geschichte, in der es auch um sexuellen Missbrauch geht, um die Mitgliedschaft in einer Sekte, um Gefolgschaft, um das Brechen des eigenen Willens. Die Mitglieder der Glaubensgemeinschaft, in die sie gerät, sollen „entindividualisiert“ werden, wie es ein Psychiater nennen würde. So über viele Jahre konditioniert, ist Alina M. wohl ein bereitwilliges Opfer, um schließlich zur Täterin zu werden.

Kennengelernt haben sich Jacob B. und Alina M. bereits in der Schule, wo sie in der Oberstufe mehrere

Kurse gemeinsam besuchen. Danach verlieren sie sich aus den Augen. Jacob B. beginnt ein Jurastudium, schmeißt aber nach wenigen Semestern hin und arbeitet später erfolgreich und mit einem guten Gehalt von rund 5000 Euro brutto bei einem Sicherheitsunternehmen am Hamburger Flughafen. Alina M. schließt nach ihrem Einser-Abitur ein Germanistik- und Philosophiestudium erfolgreich ab und arbeitet in einem Verlag. Über fünfzehn Jahre ist sie Mitglied in einer Sekte, zahlt 600 bis 800 Euro monatlich für die Gemeinschaft. Ist es Geborgenheit, die sie sucht? Ein ideologischer Kompass? Was sie erfährt, ist Abhängigkeit, seelisch und auch wirtschaftlich, weil Wohnung und Arbeit von der Glaubensgemeinschaft gestellt werden.

Außerdem wird sie dort offenbar auch immer wieder sexuell missbraucht. Was das mit ihrer Seele macht, lässt sich nur ahnen. Alina M. verinnerlicht die Maxime, eigene Wünsche und Befindlichkeiten zurückzustecken. Es geht ihr darum, das Wohlergehen anderer in den Vordergrund zu stellen, Selbstaufgabe als Lebensplan. Schließlich aber wird sie aus der Sekte ausgeschlossen – für Alina M. ein persönliches Drama. Eine psychiatrische Sachverständige wird das Loch, in das die Frau nun fällt, später als „Post-Kult-Syndrom" definieren, eine posttraumatische Belastungsstörung, die auch mit Depressionen und Ängsten einhergeht.

In dieser für sie belastenden Zeit sucht Alina M. über Facebook Kontakt zu ihrem alten Freund Jacob B. 2014 treffen sie sich erstmals wieder. „Wir sind gute Freunde geworden", sagt die Angeklagte über ihr Verhältnis. Die kurzen sexuellen Begegnungen, die sie miteinander haben, tut sie als belanglos ab: „Weil es keine Bedeutung für ihn hatte, hatte es auch für mich keine", behauptet sie. Es soll wohl nach Robustheit und Gelassenheit klingen. Doch es fällt schwer, ihr diesen Satz zu glauben. Vielmehr scheint der Wahrheit etwas anders nahezukommen, was Jacob B. später erzählt. Demnach hat Alina M. einmal zu ihm gesagt: „Du bist der einzige Mensch, für den es sich lohnt zu leben."

Und schließlich will sie alles für ihn tun.

Mit finanzieller Hilfe fängt es an. Er hat einen maßlosen Hang zum luxuriösen Leben, mit teuren Uhren und kostspieligen Reisen und dem hemmungslosen Gebrauch mehrerer Kreditkarten. So hat er mit der Zeit Hunderttausende Euro Schulden angehäuft. Doch seiner Freundin erzählt er eine mit scheinbarer Seriosität verbrämte Geschichte. Sein Elternhaus in Mazedonien sei dringend renovierungsbedürftig. Ob sie ihm wohl mit einem kleinen Kredit aushelfen könne? Alina M. hilft. „Ich meinte, seine Not zu sehen. Immer, wenn er fragte, habe ich versucht zu helfen."

Sie macht das gern, nicht nur für das Elternhaus, auch bei anderen Rechnungen, die ihr Freund angeblich dringend bezahlen muss. Nach und nach gibt sie ihm insgesamt 120 000 bis 130 000 Euro. Es ist alles, was sie hat – und sogar noch mehr als das. „Ich gab ihm mein Gespartes, habe Dinge verkauft, einen Kredit aufgenommen." Außerdem leiht sie sich Geld von Vater und Bruder, überredet eine Freundin, weitere 10 000 Euro herzugeben. Alles für Jacob B. „Ich hatte ein schlechtes Gewissen gegenüber meiner Familie", sagt sie dazu im Prozess. „Ich konnte denen nichts mehr zurückzahlen, zum Teil auch meine Miete nicht mehr aufbringen."

Einmal allerdings hat auch er ihr geholfen, als sie ihren Arbeitsplatz im Verlag verlor: Er vermittelt ihr einen Job am Flughafen, in der Firma, in der er selbst arbeitet und wo er ihr Vorgesetzter wird. Sie verdient nun 1600 Euro brutto und damit viel weniger als ihr Freund. Und doch ist es weiterhin sie, die ihn finanziell unterstützt. „Im Frühjahr hat er mir dann von seinem Plan erzählt", sagt die Angeklagte. Und wieder ist sie für ihn da, bedingungslos.

Jacob B. habe ihr gesagt, dass „er in Geldschwierigkeiten steckt und es die Altersversorgung gibt. Er sagte, dass seine Ehe kaputt sei." Er leide entsetzlich unter der unglücklichen Beziehung. Und darüber hinaus sei da der acht Jahre alte Sohn, der von seiner Mutter schlecht behandelt werde. „Er sagte, seine Frau gebe den Jungen nicht heraus. Das mache ihn unglücklich." Unterschiedliche Ideen hätten im Raum gestanden, entweder dass er sich selber umbringe oder dass er sich und seine Frau töte. „Ich sagte ihm, das ist eine dumme Idee. Ich fragte, ob er sich nicht scheiden lassen könne. Er sagte, dann würde er seinen Sohn verlieren. Der bedeute ihm alles." Er habe die Wahl treffen müssen: er oder die Ehefrau. „Er hat sich dann entschieden."

Danach habe ihr Jacob B. von einem Plan erzählt, dass er in Mazedonien einen gemeinsamen Autounfall mit seiner Frau fingieren wolle. Der Wagen solle mit seiner Frau eine Brücke hinunterstürzen, er aber wolle rechtzeitig hinausspringen und sich so retten. Diesen Plan, erzählt Alina M., habe sie ihm ausreden können, weil das für ihn zu gefährlich gewesen wäre. Eine Weile sei diskutiert worden, dass er jemanden für seinen teuflischen Plan engagieren könne. Aber das Vorhaben habe sich zerschlagen. „Irgendwann fragte er konkret, ob er auf mich zählen könnte."

Ein Unglücklicher, der Rettung bei einer Unglücklichen sucht? Alina M. scheint es so zu verstehen. Nun laufen Tränen über das Gesicht der 39-Jährigen, ihre Augen wirken verquollen. Dann gibt sie sich einen Ruck und bekennt: „Ich habe ihm versichert, dass er sich auf mich verlassen kann." Für den Fall, dass die Tötung der Frau misslingen sollte, habe er angekündigt, „dass bei ihm Suizid ganz oben auf der Liste steht. Ich sagte, ich könne alles für ihn tun, aber nicht ihn umbringen."

So habe sie sich entschieden, ihm beim Ausschalten seiner Frau zur Seite zu stehen. „Ich habe es ihm gegenüber nie geschafft, nein zu sagen."

Der neue Plan besteht darin, dass Alina M. der Frau ihres Freundes in den Urlaub folgen und dort den Mordanschlag auf sie verüben soll. Sie reist also der Frau nach Prag hinterher, wobei nicht etwa ihr Auftraggeber für die Fahrtkosten aufkommt, sondern sie selber, wie immer. Auch nach Barcelona fliegt die Hamburgerin auf eigene Rechnung, um die Ehefrau dort bei einer Partyfahrt auf einem Schiff zu überwältigen. Jacob B. hat, so schildert es die Angeklagte, seiner getreuen Helferin die Kabinennummer seiner Ehefrau genannt. Zwar könne sie wegen der Sicherheitskontrollen am Flughafen keine Waffe mitnehmen, aber in der Schiffsküche werde sich schon etwas finden lassen, habe er ihr als guten Rat mit auf den Weg gegeben.

Doch auf dem Wasser schwindet die Entschlusskraft der Freundin. Sie bleibt fast die ganze Zeit über in ihrer eigenen Kabine.

Und Sabrina B. kann unversehrt nach Hause zurückreisen. Sie ahnt nicht, dass jemand ihr nahezu permanent nachstellt und nach dem Leben trachtet. Auch in den Wochen danach weiß sie nichts davon, als Alina M. immer wieder zum Einkaufszentrum fährt, in dem die Ehefrau als Frisörin arbeitet. Die potenzielle Attentäterin lauert abends auf einem Parkdeck ihrem Opfer auf und hat bei jedem ihrer rund ein Dutzend Fahrten ein Messer im Rucksack dabei. Doch sie nimmt die Waffe nicht zur Hand. „Ich bin eigentlich nur hingefahren, um da gewesen zu sein." Sie hätte versucht, sagt die Angeklagte unter Tränen, ihrem Freund klarzumachen, „dass ich das nicht tun kann. Dass irgendwann alles gut wird und er durchhalten soll."

Während Alina M. sich für ihren Freund abmüht, für ihn durch halb Europa reist und zur Kriminellen wird, bekommt sie von ihm keinen Rückhalt, keine echte Zuwendung. Er vergnügt sich lieber mit zwei Geliebten. Da ist die eine, die er mit Geschenken bedenkt, die er in teure Restaurants und zu luxuriösen Wochenendtrips einlädt, unter anderem nach Dubai. Sie wünscht sich eine gemeinsame Zukunft mit ihm, mit einem gemeinsamen Kind. Aber zuvor, sagt er, müsse er sich noch scheiden lassen. Und dann gibt es eine zweite Geliebte, mit der er eher unverbindlichen Sex hat. Von ihr leiht er sich ebenfalls Geld, das er ihr allerdings nach und nach zurückzahlt. Im Gegensatz zu den Verbindlichkeiten gegenüber Alina M.

Für die aufopferungsvolle Freundin hat Jacob B. kein Geld übrig, nur den Dankbarkeitssex, wie es später die Vorsitzende Richterin im Prozess nennen wird. Und er stellt weitere Forderungen. Er macht Druck, so erzählt es die Mitangeklagte. Denn es sind mehrere Zahlungen fällig. Die Zeit drängt, die Situation spitzt sich zu. Er braucht dringend das Geld aus der Lebensversicherung! „Und dann bin ich zweimal im Haus gewesen", sagt Alina M. Sie wischt sich über die Augen, sie zittert. Beim ersten Mal, als ihr Freund sie mit dem Schlüssel versorgt, ihr die Nummer für die Alarmanlage zeigt und ihr den Weg beschreibt, wartet Alina M. vergeblich auf das ahnungslose Opfer.

Denn eine List ist nicht aufgegangen. Auf dem Weg zu einer Feier, auf der Vater, Mutter und Kind eingeladen sind, hat Jacob B. absichtlich ein von seinem Sohn selbst gemaltes Bild zurückgelassen, das als Geschenk für die Gastgeber gedacht war. Als er seine Frau deswegen zurück nach Hause schicken will, weigert sich Sabrina B. jedoch strikt, zurückzufahren. Dass sie damit einem womöglich tödlichen Übergriff entgeht, kann sie nicht ahnen.

Der zweite Versuch, die Ehefrau zu überwältigen, erfolgt schließlich vier Tage später im Schlafzimmer des Opfers, wo Alina M. der Ehefrau die beiden Stichverletzungen zufügt. Die erste in den Bauch ist oberflächlicher und möglicherweise gar nicht bewusst entstanden. Weil Alina M. Angst hat, von vorn auf ihr Opfer einzustechen und ihr dabei ins Gesicht zu sehen, fordert sie die im Schock erstarrte 34-Jährige auf, sich auf den Bauch zu drehen. Als die vollkommen verängstigte Sabrina B. dem Befehl Folge leistet, sticht die Angreiferin ihr heftig in den Rücken.

Alina M. unterbricht ihre Schilderung, mit brüchiger Stimme wendet sie sich an das Opfer, ihr ganzer Körper bebt: „Ich will sagen, dass es mir unendlich leid tut. Ich bin froh, dass nichts Schlimmeres passiert ist.“

Nichts Schlimmeres? Ja, Sabrina B. hat überlebt. Aber die 34-Jährige muss im Krankenhaus intensivmedizinisch behandelt werden. Nach der Erstversorgung erfolgt auf Veranlassung der Mordkommission eine detaillierte Untersuchung des Opfers auf der Krankenstation. Die Stichverletzung in die Lunge ist tief. Es hat in die Brusthöhle geblutet. Der angestochene Lungenflügel ist kollabiert, ein sogenannter Pneumothorax ist entstanden. Aus rechtsmedizinischer Sicht ist diese Stichverletzung als potenziell lebensgefährlich zu bezeichnen. Außerdem hat das Opfer an den Händen Ritzverletzungen, die als aktive Abwehrverletzungen einzuschätzen sind. Das Verletzungsmuster insgesamt entspricht exakt der Tatschilderung, wie das Opfer sie abgegeben hat.

Und Sabrina B. hat noch viel Schrecklicheres durchgemacht. Da sind die Ängste und der Schock gewesen, als die 34-Jährige eine halb vermummte, mit Messer und Pistole bewaffnete Person auf sich zustürmen sieht. „Sie hat ihre Angst und Panik zum Ausdruck gebracht“, so nennt die Attentäterin das nun im Prozess. „Sie flehte, dass ich ihr nichts tun soll.“ Gleichwohl sticht die Angreiferin zu.

Es ist ein gezielter Stich in den Körper, der aber auch tief in die Seele eindringt. Es kostet Sabrina B. spürbar

Kraft, vor Gericht diese Momente zu schildern, die sie in Todesgefahr gebracht haben. Doch zunehmend wird die 34-Jährige selbstbewusster, sie blickt den Angeklagten immer wieder in die Augen. Sie erzählt von dem „Schockzustand“, in den sie geriet, als die maskierte Frau ins Schlafzimmer gestürmt ist, und schildert ihre Ängste, als sie die Waffen erblickt und den Schlag mit der Pistole gespürt hat. Sabrina B. fleht die über ihr hockende Verbrecherin panisch an, sie möge sie um ihrer beiden Kinder willen verschonen. Ja, zwei Kinder! Das zweite hat sie in ihrer Not erfunden; sie hofft, damit Mitgefühl zu erregen. Sabrina B. schildert weiter, wie sie die zweite Verletzung gespürt hat: das tiefe Eindringen des Messers in ihren Körper und den Schmerz, als die Waffe noch tiefer in die Wunde gestoßen wird. In diesem Moment habe sie gedacht: „Das ist das Ende. Das soll das Ende sein. Wo ich doch gar nichts getan hatte.“

Die Zeugin fixiert die beiden Angeklagten, die fremde Frau und ihren Ehemann, den sie zu kennen glaubte und der sie so verraten hat. „Was war denn los mit dir?“, faucht Sabrina B. ihren Mann an. „Dass du diese Frau reinlässt. Dass du mir das antust. Mein Leben ist zerstört!“ Zunächst aber, so erzählt sie vor Gericht, habe sie sich erst nicht vorstellen können, dass ihr Mann mit dem Verbrechen etwas zu tun haben könnte.

Erst nachdem Alina M. zur Polizei geht, die Tat offenbart und Jacob B. schwer belastet, dämmert es der Ehefrau, dass ihr Mann in den Fall verstrickt ist. Das SEK nimmt den mutmaßlichen Auftraggeber des versuchten Mordes in seinem Haus fest. Der Sohn ist dabei, als sein Vater von der Polizei abgeführt wird. Dies habe, so sagt es Sabrina B., bei dem Jungen einen unvorstellbaren Schaden angerichtet.

Während des gesamten Verfahrens hat die Angeklagte Alina M. leidend gewirkt, müde, verzweifelt, am Ende ihrer Kräfte. Und vor allem von tiefem Schuldempfinden gebeugt. Freunden gegenüber hat die 39-Jährige unmittelbar nach der Tat Suizidabsichten geäußert. Auch Jacob B., dem sie kurz nach der Tat begegnet, erzählt sie, wie verzweifelt sie sei. Er hört ihr kaum zu, steigt noch nicht mal aus seinem Auto aus. Er lässt sich nur schnell seinen Hausschlüssel von ihr aushändigen, dann eilt er zu seiner Frau ans Krankenbett, um den besorgten Ehemann zu mimen.

Erst jetzt im Verfahren, nachdem seine treue Gefährtin über Tage ausgesagt hat, ergreift schließlich auch der wegen Anstiftung zum versuchten Mord angeklagte Ehemann das Wort. Auch Jacob B. beschreibt Alina M. als loyale Freundin, die immer zu ihm gestanden und ihm mit Geld ausgeholfen habe. Er habe ihr gesagt, dass seine Ehe tot sei, dass seine Frau auch den Sohn schlage, dass er unter der Gefühlskälte und ständigen Streitigkeiten leide. Und dann seine Geldsorgen! Doch mitnichten, beteuert der 40-Jährige, habe er einen Albaner als Profikiller engagiert, wie es ihm die Anklage vorwirft. Den Auftraggeber habe er lediglich erfunden, um Alina M. eine angebliche Honorarzahlung für den Killermord aus dem Kreuz zu leiern. Und wie er es voraussah, hat sie ihm gutgläubig mehrere tausend Euro gegeben.

Aber da sei immer noch seine unerträgliche Ehe gewesen, sagt Jacob B. Er habe sich trennen wollen, seine Frau aber habe nicht zugestimmt. Da habe er schließlich überlegt, einen Raubüberfall zu organisieren, bei dem seiner Frau Wertsachen entrissen und ihr ein Schreck eingejagt werden sollte. Deshalb habe er seiner willigen Komplizin auch Aufenthaltsorte seiner Frau genannt. „Ich wollte, dass meine Frau aufwacht und merkt, dass es mit uns nicht weitergeht. Dass sie mich nach dem Überfall anruft und ich ihr sage, dass sie damit selbst klarkommen muss."

Sabrina B., die die ganze Zeit nur wenige Schritte von ihrem gefühlskalten Ehemann entfernt sitzt, kann es nicht fassen, als sie von diesem Plan hört. Tränen laufen ihr über das Gesicht. „Ich ertrage das nicht mehr", ruft sie und sinkt bewusstlos zusammen. Nach einigen Sekunden wacht die 34-Jährige wieder auf, sie wird ärztlich versorgt und die Verhandlung unterbrochen. Für einen Moment kann das Opfer sich von den verletzenden Enthüllungen ihres Gatten erholen. Dann geht das Übel weiter – und wird noch schlimmer.

Denn nachdem Jacob B. mit offenherzigem Blick beteuert hat, dass er mit Alina M. zwar über einen Überfall geredet habe, dass der Mordanschlag im gemeinsamen Haus aber allein die Idee der 39-Jährigen gewesen sei, erzählt er Wochen später eine ganz andere Geschichte. Er wolle nun ein Geständnis ablegen, kündigt der Angeklagte an. „Den Gedanken habe ich seit Langem." Er wolle dies tun wegen der Menschen, die „mir wichtig sind, mein Sohn, meine Mutter und, so widersprüchlich das klingt, meine Frau". Er nennt seinen Tatbeitrag das

„Unaussprechliche“ und „Unvorstellbare“. Es würde pathetisch klingen, wenn es nicht so in Schwarze träfe. „Wie sollte ich meinem Sohn erklären, dass ich eine mögliche Tötung seiner Mutter in Betracht gezogen habe?“, fragt der 40-Jährige. „Dass etwas geschehen sollte, was für mich das Unaussprechliche und Unvorstellbare beinhaltet? Dass etwas geschehen sollte, was ich eigentlich nicht wollte? Es ist in der Tat so, dass ich in der Tötung meiner Frau die Lösung meiner Probleme gesehen habe“, sagt der Mann, der wie zur Rechtfertigung von einer „unglücklichen Beziehung“ spricht. „Ich habe mir eingeredet, wenn ich das nicht selbst tue, dass ich dann weniger Schuld habe. Dass ich jemanden hatte, der dazu bereit war, hat es mir leichter gemacht.“

Er habe „finanziell mit dem Rücken zur Wand“ gestanden. „Deswegen meine Frau zu töten, war eigentlich undenkbar.“ Ob seine Freundin ein „willkommenes Werkzeug“ gewesen sei? Jacob B.s Blick wirkt für einen Moment wie nach innen gerichtet, er zögert kurz, bevor er antwortet. Was die Vorfälle auf dem Parkdeck und die Tat im Haus betreffe, „würde ich das beinahe bejahen. Sie war aber eher ein Partner, mit dem ich alle schrecklichen Gedanken teilen konnte und der Dinge tun konnte, die für mich unvorstellbar waren.“ Es sei eher ein gemeinsamer Plan gewesen. Und seine Freundin sei „aktiv“ geworden. Die Aussicht, die Beträge aus den beiden Lebensversicherungen einstreichen zu können, sei aber nicht seine Triebfeder gewesen, sagt der schlaksige, bärtige Mann. „Das Geldproblem war etwas, das seit Jahren da gewesen ist. Für mich war das Thema Geld immer untergeordnet.“ Das Statement klingt wenig überzeugend aus dem Mund eines Mannes, der jahrelang erheblich über seine Verhältnisse gelebt hat, für den Luxus ein Lebenselixier war.

Er sei aber, beteuert Jacob B., „unendlich froh, dass diese irre Tat nicht gelungen ist. Für meine Frau, für mich und meinen Sohn.“ Und an den Anwalt seiner Frau gewandt sagt der 40-Jährige: „Ich bitte Sie, meiner Frau zu übermitteln, dass mir das leidtut. Ich hoffe, dass sie das irgendwann verarbeiten wird.“ Mit dem Anwalt, der die Nebenklage vertritt, ist inzwischen eine Regelung nach dem sogenannten Täter-Opfer-Ausgleich abgesprochen. Jacob B. hat 15 000 Euro an seine Frau gezahlt, als Schmerzensgeld und zur Wiedergutmachung. Der Angeklagte übernehme für die Tat „die volle Verantwortung“, sagt sein Verteidiger dazu. Das Geld hat wieder mal eine Frau für Jacob B. vorgestreckt. Doch diesmal ist es keine Freundin oder Geliebte. Es ist seine Mutter.

Alina M. will 10 000 Euro Schmerzensgeld zahlen, kündigt die Angeklagte nun an. Nur hat sie das Geld im Moment nicht. Sie hat sich für Jacob B. ruiniert, finanziell und auch sonst.

Es sei ein Fall, der „wie ein Krimi aus einem schlechten ‚Tatort‘“ daherkomme“, sagt die Vorsitzende Richterin schließlich in der Urteilsbegründung und nennt die Tat „nicht nachvollziehbar und unvorstellbar“. Es habe sich „etwas Ungeheuerliches“ abgespielt. Achteinhalb Jahre Freiheitsstrafe verhängt das Gericht über Jacob B. wegen versuchten Mordes und gefährlicher Körperverletzung. Alina M. bekommt viereinhalb Jahre Haft wegen versuchten Totschlags und ebenfalls gefährlicher Körperverletzung.

Die Staatsanwaltschaft hatte für den Mann neuneinhalb Jahre gefordert, für die Frau sechs Jahre. Die große Diskrepanz zwischen den beiden Strafen ergebe sich unter anderem daraus, dass die 39-Jährige wegen ihres „Post-Kult-Syndroms" als vermindert schuldfähig gelte und bei ihr keine Mordmerkmale vorlägen, begründet die Richterin die Entscheidung. Keine Habgier und auch keine Heimtücke, weil das Opfer nach dem Angriff und dem Kampf im Bett nicht mehr arglos gewesen sei. Bei Jacob B. seien indes unter anderem die Mordmerkmale Habgier und das Ermöglichen einer Straftat erfüllt.

Die Charaktere beider Angeklagter seien von „Charakterschwächen" geprägt, führt die Vorsitzende aus. Bei Alina M. sei es unter anderem eine schwere Depression und ihre jahrelange Mitgliedschaft in einer Sekte, die sie geprägt hätten. Bei Jacob B. dagegen sei sein Handeln von „egoistischem Verhalten bestimmt, bei dem die Menschen, die ihm besonders nahestanden, keine Rolle gespielt haben". Die Vorsitzende zeichnet das Bild eines Mannes, der jahrelang recht gut verdiente, aber ein Vielfaches seines Einkommens für Luxusgüter und Reisen ausgab. Als seine selbst verschuldete finanzielle Notlage übermächtig wurde, habe er sich in der Hoffnung auf das Geld aus den Lebensversicherungen „seiner Frau entledigen wollen", mithilfe von Alina M. Die Begründung von Jacob B., er habe sich nicht von seiner Frau getrennt, weil er ihr nicht habe wehtun wollen, sei „absurd. Gleichzeitig ist er in der Lage, sie töten lassen zu wollen."

Dabei habe sich Jacob B. „als notorischer Lügner gezeigt". Wie ein roter Faden ziehe sich durch das Verfahren: Der 40-Jährige habe sich nicht selber die Hände schmutzig machen wollen. „Aber er wollte zwei Lebensversicherungen haben. Und die bekäme er nur, wenn die Partnerin tot ist.“ Alina M. schließlich habe dem Mann mit dem Überfall auf die Ehefrau zu helfen versucht, „sich aus der von ihm als Hölle beschriebenen Ehe zu befreien“.

Bei der Tat gebe es sehr viele Opfer, zuallererst die Ehefrau, die nach wie vor mit den psychischen Folgen zu kämpfen habe. Und der kleine Sohn des Ehepaares. „Haben Sie jemals darüber nachgedacht“, fragt die Richterin und fixiert Jacob B., „was Sie mit der Tat Ihrem Sohn antun?“ Seit dem Mordanschlag auf seine Mutter weigert sich der Junge, seinen Vater zu sehen.

Und Alina M., die sich wohl doch eine gemeinsame Zukunft mit ihrem Jugendfreund erhofft hatte? Sie scheint noch immer intensive Gefühle für ihn zu hegen. Auf die Frage, was sie jetzt für ihn empfinde, nachdem sie seinetwegen sehr viel Geld verloren hat und letztlich ihre Freiheit, sagt sie nur: Er tue ihr leid. Weil er in Haft ist.

Davon, dass sie ebenfalls im Gefängnis sitzt, sagt sie kein Wort.

Wenn das Opfer zum Täter wird

Auch bei Verbrechen mit sexueller Motivation können sich gelegentlich die Rollen von Täter und Opfer vermischen. Der Täter oder die Täterin ist unter Umständen zugleich ein Opfer vergangener Ereignisse, Erlebnisse und Erfahrungen. So kann er oder sie beispielsweise in der Kindheit selbst sexueller Gewalt ausgesetzt gewesen sein, körperlicher Gewalt, Vernachlässigung oder auch psychischer Quälerei. Manchmal stand ein Täter selbst unter einem sehr starken körperlichen oder psychischen Zwang durch eine andere Person oder Gruppe.

Es handelt sich um Menschen, die in einer eigenen Notsituation, in Einsamkeit oder Hilflosigkeit, manchmal freiwillig, gelegentlich auch von vornherein gezwungenermaßen, in einen Kult geraten. Darunter versteht man eine Gruppe von Menschen, die unterschiedlich groß sein kann und sich durch die Kultivierung bestimmter als positiv deklarierter Elemente zusammenfindet. Man spricht auch vom Götzenkult, von kultischen Gebräuchen und Ritualen, von Regeln und Zwängen, von einer Abschottung nach außen und einer sehr strengen Hierarchie nach innen.

Kult kann mit Verehrungsdienst übersetzt werden. Dies gibt es auch im quasi-religiösen Bereich, manchmal wird ein Kult dann mit einer Sekte gleichgesetzt. Sekten sind Sondergemeinschaften, die sich von üblichen Religionsgemeinschaften abgesetzt haben. Bei ihnen herrscht ein großes Zusammengehörigkeitsverständnis vor. Gruppenerlebnisse stehen im Vordergrund, individuelle Bedürfnisse werden sehr stark zurückgedrängt. Sexuelle Ausbeutung und erzwungener Geschlechtsverkehr sind an der Tagesordnung.

Solche kultischen Beziehungen enden gelegentlich katastrophal. Erinnert sei beispielsweise an das Jonestown-Massaker. Dabei kamen durch die teilweise erzwungene Selbsttötung sowie durch die Ermordung der Mitglieder von „Peoples Temple" mittels eines Giftcocktails, der Zyankali enthielt, im November 1978 mehr als 900 Menschen ums Leben. Der Sektenführer Jim Jones hatte die Siedlung im Nordwesten Guyanas gegründet. Die Mitglieder suchten das Paradies und starben qualvoll.

Große Selbstmordserien gab es in neuerer Zeit zum Beispiel auch in Mitteleuropa, etwa in der Schweiz und in Frankreich, als die Mitglieder der apokalyptischen Weltuntergangssekte der „Sonnentempler" einen gemeinschaftlichen Massensuizid begingen.

Im kleinen Stil, manchmal könnte man fast sagen im Verborgenen beziehungsweise insgeheim, gibt es vielerorts Sekten oder Kulte. Sexuelle Abhängigkeit bis hin zu extremen Missbrauchsformen, die eine Art moderner Sklaverei darstellen, stehen nicht selten im Zentrum derartiger Gruppierungen.

Häufig wird von der Gruppe Druck ausgeübt, sei es psychologisch, sozial oder finanziell. Wenn sich dann ein Mensch aus einem solchen Kult löst, was relativ selten geschieht, kann es zu tiefer Verzweiflung, Depressionen, Ängsten und Schlaflosigkeit kommen. Intensive und widersprüchliche Emotionen stürzen auf die Person ein. Einerseits ist die Person erleichtert, der Gruppe entkommen zu sein. Andererseits fehlen jetzt positive Elemente wie Freundschaften, ein Zugehörigkeitsgefühl und die Ideale, welche sich aus der Mission der Gruppe ergeben. Der emotionale Umbruch dieser Periode mündet in ein Postkult-Trauma-Syndrom. Diese sehr spezielle Störung ist gekennzeichnet durch

Verlustgefühle, mangelndes Selbstwertgefühl, Depressionen, bleibende Entfremdung von der Familie und von Freunden; hinzu kommt ein Gefühl der Einsamkeit, verbunden mit dem Bedürfnis, sich bei anderen anzulehnen, es kommt zu Panik- und Angstgefühlen, sexuellen Konflikten und Minderwertigkeitsgefühlen.

Das Postkult-Trauma-Syndrom gehört zu den Posttraumatischen Belastungsstörungen (PTBS). Darunter versteht man eine verzögerte und protrahierte Reaktion auf ein belastendes Ereignis oder eine schwierige Situation kürzerer oder längerer Dauer, die mit außergewöhnlichen Bedrohungen, Ängsten, Verletzungen und Verzweiflung verbunden ist.

DIE TOTEN FRAUEN AUS DEM BUNKERVERLIES

In den Tiefen des Hauses, verwinkelt und abgeschirmt hinter drei Stahltüren, beginnt das Grauen. Ein Bunker ohne Tageslicht und mit dicken Wänden, die keine Geräusche durchlassen. Überall drangvolle Enge. Fesseln, Ketten und Folterwerkzeuge liegen bereit. Wer hier festgehalten wird, ist vollkommen ausgeliefert, machtlos in den Händen seines Peinigers. Hier herrschen Verzweiflung, Schmerz und Hoffnungslosigkeit. Und im schlimmsten Fall der Tod.

Fünf Menschen sind in diesem Kerker gefangen gehalten worden, die einen für wenige Stunden, andere über Tage und sogar Wochen. Zwei von ihnen haben in dem dunklen Verlies unsägliche Qualen erlitten und den Kerker nicht mehr lebend verlassen. Ihr Peiniger ist ein Mann, der mit seiner Skrupellosigkeit und seiner Ruchlosigkeit alle Grenzen sprengt. Bei seinen Verbrechen kommt es ihm auf Geld an – und auf Sex. Skrupel kennt er nicht, kein Erbarmen und schon gar keine Moral. Ein sadistischer Mann, der für die Befriedigung seiner Bedürfnisse buchstäblich über Leichen geht.

Und der beinahe mit seinen entsetzlichen Verbrechen davongekommen wäre. Lutz R. hat viel Mühe darauf verwendet, das endgültige Verschwinden zweier einundsechzig und einunddreißig Jahre alter Frauen so aussehen zu lassen, als hätten sie sich freiwillig abgesetzt. Es hätte nicht viel gefehlt, und die Entführungen, die Erpressungen, die Folterungen, die Vergewaltigungen und die Morde wären nicht erkannt und nicht gesühnt worden. Seine Opfer findet man erst etliche Jahre nach ihrem Verschwinden, versteckt in Säurefässern, die Leichname fast bis zur Unkenntlichkeit zerstört, eingegraben unter Beton. Es sind unfassbare Taten, die als „Säurefassmorde" in die deutsche Kriminalgeschichte eingehen und für Entsetzen sorgen. Es ist wahrlich ein Horrorszenarium.

Niemand hat geahnt, welche Abgründe sich hinter der vermeintlich bürgerlichen Fassade des Hamburgers Lutz R. verbergen, bis sich schließlich Bagger und Presslufthämmer in die Tiefen der Grundstücke des Mannes hinein graben und das Grauen zutage fördern. Der Tod hat bekanntlich viele Gesichter. Hier zeigt er sich mit einer besonders scheußlichen Fratze.

Der Täter hat sich lange getarnt. Dreiundvierzig Jahre lang scheint der Mann, der später als zweifacher Mörder verurteilt wird, ein unauffälliges Leben zu führen. Er hat geheiratet, er besitzt eine Immobilie im Hamburger Nordosten und ein Wochenendhaus im Umland, er führt als Kürschnermeister den von der Mutter übernommenen Betrieb weiter. Doch die Geschäfte gehen mäßig. Er gibt seinen Betrieb auf und arbeitet kurzzeitig als Bademeister. Diese Tätigkeit scheint ihn allerdings nicht auszufüllen. Ihn reizt das Abenteuer. Er überlegt auszuwandern, womöglich nach Costa Rica. Dort hat er bereits in eine Schatzsuche investiert und will vielleicht noch in ein Hotelprojekt einsteigen.

So etwas ist nicht mal eben so zu erreichen. Dafür braucht Lutz R. Geld, viel Geld. Arbeiten und geduldig sparen ist seine Sache nicht. Er will das notwendige Kapital für ein Leben nach seiner Fasson lieber auf bequeme Weise erlangen. Ein Verbrechen, so lautet seine Maxime, kann sich eben doch lohnen.

Dafür kommt ihm sein unterirdischer Bunker, den er an seinem Haus errichtet hat, sehr zupass. Offiziell ist es ein Atomschutzbunker. Doch dass sich dieses massiv gebaute, schalldichte Gemäuer bestens als Kerker eignet, mag von Anfang an das Kalkül des Kürschners gewesen sein. Und so bedroht Lutz R. am 6. September 1991 die Lebensgefährtin seines früheren Chefs mit einem Elektroschockgerät und entführt sie zu dem Bunker. Eine Woche lang hält er das Opfer dort gefangen. Er zwingt seine Geisel dazu, vorformulierte Texte auf Tonbandkassetten zu sprechen und Briefe zu schreiben, um auf diese Weise von seinem Ex-Chef 300 000 Mark zu erpressen. Doch sein Plan geht nicht auf, die Polizei hat eine Fangschaltung installiert. Das bemerkt Lutz R., als er von einer Telefonzelle aus einen Erpresseranruf tätigen will. Er fürchtet, man sei ihm auf die Spur gekommen, und das Risiko, dass seine ahnungslose Frau, die früher als erwartet aus dem Urlaub zurückgekommen ist, die Geisel entdeckt, mag der Mann nicht eingehen. Er lässt das Opfer frei.

Was die 53-Jährige der Polizei über ihren Peiniger erzählt, ihre Schilderungen über einen Bunker, von Schatzsuche, Astrologie und Mafia, erscheint manchem zu erfindungsreich, um wahr zu sein. Niemand ahnt, dass die Hamburgerin tatsächlich die Fantasien eines ungewöhnlichen, hoch gefährlichen Täters wiedergibt. Der Prozess gegen den Entführer endet mit einer maßvollen Strafe. Er wird wegen erpresserischen Menschenraubs angeklagt und schließlich zu drei Jahren Freiheitsstrafe verurteilt. Bis jetzt ahnt kaum jemand, dass dieser Geiselnehmer weitere, noch viel schwerwiegendere Verbrechen begangen hat. Dass er ein skrupelloser, besonders gewaltbereiter Mörder ist.

Eine Prozessbeobachterin allerdings hat den Mann sehr wohl im Verdacht. Es ist die Mutter der 31-jährigen Greta L. Die junge Kauffrau ist seit Jahren wie vom Erdboden verschluckt, und Martha L. vermutet, dass ihre Tochter Opfer eines Verbrechens wurde. Als Zuhörerin im Prozess um die Geiselnahme durch Lutz R. erkennt die trauernde Mutter Parallelen zum Verschwinden ihrer Tochter. Beide Opfer waren Bekannte des Verdächtigen.

Vor allem merkt Martha L. auf, als das Entführungsopfer erzählt, der Angeklagte habe ihr während ihrer Gefangenschaft pornografische Folterbilder einer jungen Frau gezeigt. Die Mutter zeigt der Zeugin Fotos ihrer Tochter. Es ist dieselbe Frau, die sie auf den Fotos gesehen hat, da ist sich die Zeugin sicher. Jetzt wendet sich die Mutter an eine Polizistin, die im Prozess als Zeugin gehört wurde. Die erfahrene Kriminalbeamtin nimmt daraufhin die Ermittlungen im Fall der verschwundenen 31-Jährigen wieder auf. Teilweise in ihrer Freizeit, weil sich die Mordkommission nicht für Vermisstensachen zuständig fühlt, spürt die Polizistin Hinweisen nach und deckt Parallelen der Fälle auf. Nun besteht Mordverdacht. Und schließlich werden Durchsuchungen in den Häusern und auf den Grundstücken von Lutz R. vorgenommen – mit erschütterndem, grausigem Ergebnis. Innerhalb von drei Tagen werden im Dezember 1992 erst auf dem einen Grundstück ein Fass mit einer Leiche und danach auf einem zweiten Grundstück eine Tonne mit den Überresten einer weiteren Toten gefunden.

Die Rechtsmedizin am Universitätsklinikum Hamburg-Eppendorf ist schon per Telefon „zugeschaltet", als die Polizei die Fässer ausgräbt. Noch in der Nacht beginnt die Untersuchung des ersten Fasses. Es zeigt sich, dass von der Toten nicht mehr allzu viel übrig geblieben ist. Die Tonne wird zunächst mit Röntgenstrahlen durchleuchtet, aber in dem Inhalt sind keine erkennbaren Strukturen auszumachen. Das Fass ist gut zur Hälfte mit einer schwarz-braunen Flüssigkeit gefüllt. Ein Teil, nämlich der Kopf, ragt teilweise heraus. Dann wird der Inhalt der Tonne auf den Sektionstisch ausgeleert. Heraus kommt eine schleimige Masse, in der mehrere Körperteile auszumachen sind. Und die Rechtsmediziner sollen darin lesen wie in einem Buch.

Eindeutig zu erkennen ist, dass es sich bei dem Leichnam um eine Frau handelt. Es werden silberfarbene Fingernägel sowie rot lackierte Fußnägel festgestellt und an mehreren Zähnen Amalgamfüllungen. Das Kopfhaar ist geschoren. Der Körper ist zerteilt worden, die einzelnen Teile weisen Fesselungen auf. Anhand des Zahnstatus kann einwandfrei festgestellt werden, dass es sich um den Körper der vermissten einunddreißig Jahre alten Greta L. handelt. Die weiteren Untersuchungen müssen sehr zügig vorgenommen werden, weil sich die übrigen Leichenteile durch die lange Zeit der Aufbewahrung in der Salzsäure unter dem Einfluss von Luftsauerstoff und Spülwasser innerhalb von Stunden zu einem gelatinösen Brei umwandeln.

Der zweite Leichnam, der sehr viel länger in dem anderen Säurefass gelegen hat, ist von der ätzenden Flüssigkeit noch viel stärker zersetzt. Den Rechtsmedizinern bleibt zur Untersuchung nur noch eine schwer definierbare weiche Gewebemasse. Und weil in dem Fass auch kiloweise Sand ist, müssen sie vorgehen wie Goldsucher. Wegen der Auflösung des Körpers kann nicht mehr beurteilt werden, ob es sich um die Überreste eines Mannes oder einer Frau handelt. Aber es werden Organreste und Teile der Muskulatur festgestellt, die eindeutig menschlich sind. Der gesamte Fassinhalt wird ausgeschlemmt und durchsiebt. Dabei werden Zahnfüllungen und Zahnkronen gefunden. Und es kommen andere Utensilien zum Vorschein, die deutlich besser definierbar sind. Es handelt sich zum Beispiel um Plastiktüten, Bausand, eine Holzklammer, eine Metallzwinge, eine Kabelschelle aus Hartplastik sowie diverse Bänder. Ob es sich hierbei um Folterutensilien handelt, bleibt auch später im Prozess offen. Aber man kann es durchaus vermuten.

Um einen Körper mit dreißigprozentiger Salzsäure so weit zu zersetzen, wie es in diesem Fass geschehen ist, sind nach dem Wissensstand der Rechtsmedizin sicher viele Monate notwendig, vermutlich mehrere Jahre. Anhand einer ungewöhnlichen Zahnarbeit an dem Leichnam, einer sogenannten Ringdeckelkrone, die damals sehr selten ist, wird die Tote identifiziert.

Es handelt sich um Heidrun M. Seit 1986 galt die 61-Jährige als verschwunden. Sechs Jahre lang hat ihr Mann in Ungewissheit über das Schicksal seiner Frau gelebt, er hat lange verzweifelt nach ihr gesucht, auch im Ausland. Kaum jemand kann nachempfinden, wie belastend, wie lähmend und auch zerstörerisch solche ungeklärten Schicksale für die Angehörigen sein können. So mancher, der nicht weiß, was passiert ist, zerreibt sich zwischen Verzweiflung und Kummer. Trauerarbeit, ein Abschiednehmen, ist nicht möglich.

Mit dem Fund der beiden Fässer wird endlich eine Verbrechensserie aufgeklärt, wie es sie in der Bundesrepublik vorher wohl noch nicht gegeben hat. Der vermeintliche Biedermann Lutz R. hat innerhalb von fünf Jahren fünf Menschen in seine Gewalt gebracht, um Geld zu erpressen. Drei der Opfer lässt er wieder frei, sie bleiben körperlich unversehrt. Eines seiner Opfer ermordet der Kürschner wenige Tage nach seiner Entführung, um eine unbequeme Zeugin für immer mundtot zu machen. Ein anderes Opfer, ebenfalls eine Frau, tötet er in einem sexuellen Rausch – nachdem er sie zuvor mehr als drei Wochen lang gefoltert und vergewaltigt hat.

Beide Opfer hat der Verbrecher während ihrer Gefangenschaft gezwungen, Briefe an Angehörige zu schreiben, die nahelegen, dass sie sich freiwillig ins Ausland abgesetzt haben. Die List geht für lange Zeit auf. Die Morde bleiben über Jahre unentdeckt.

Es ist der 12. März 1986, als Lutz R. seine Bekannte Heidrun M. in seine Gewalt bringt. Er will mit der Entführung der Frau erreichen, aus dem Haus des Opfers und durch die Erpressung ihres Ehemanns Geld und weitere Vermögenswerte an sich bringen zu können. Er stiehlt unter anderem 20 000 Mark und Schmuck. Zurück bleibt eine von Heidrun M. – sicher unter Zwang – geschriebene Nachricht: „Hab Arbeiten satt. ich will nicht mehr Arbeiten. Will nur noch Leben. im Urlaub ist es mir klar geworden. Brief Folkt." Außerdem rafft der Entführer wahllos einige Kleidungsstücke der Frau zusammen, um eine freiwillige Reise vorzutäuschen.

Der Mann zwingt seine Gefangene, in seinen unterirdischen Atombunker zu kriechen. Dort hält er sie vermutlich vier Tage gefangen. In dieser Zeit nötigt er sie, weitere Briefe und Karten an Familienangehörige und Freunde zu schreiben. Alle Schriftstücke zielen darauf ab, dass man nicht nach ihr suchen solle. Der 61-Jährigen muss angesichts dieser Schreiben klar gewesen sein, dass sie den Bunker nicht mehr lebend verlassen würde. Ob sie um Hilfe geschrien hat und ihre Rufe an den schalldichten Wänden des Bunkers verhallt sind, ob sie um Gnade gefleht oder zu fliehen versucht hat, weiß nur ihr Entführer. Doch es ist offensichtlich, dass sie ihre letzten Tage in permanenter Todesangst verbringt – bis Lutz R. sie schließlich tatsächlich umbringt.

Er will, davon ist das Schwurgericht überzeugt, vor dem er sich später verantworten muss, mit dem Mord eine Zeugin ausschalten. Wie er das Opfer getötet hat, wird nie aufgeklärt. Den Leichnam verbirgt der Täter in einem 200 Liter fassenden Plastikfass. Er zieht sich einen Taucheranzug an und streift eine Tauchermaske über, um sich gegen giftige Dämpfe zu schützen. So ausgestattet, schüttet er dreißigprozentige Salzsäure in das Fass, um den Körper zu zersetzten. Die Tonne vergräbt er schließlich in einem zweieinhalb Meter tiefen Loch, das er mit einer Betondecke und Erde auffüllt, auf seinem Grundstück. Ob er die Tote vorher noch zersägt hat, ist nicht bekannt. Für diese Theorie würde allerdings sprechen, dass er just an dem Tag, als er die Frau in seine Gewalt brachte, eine Fleischersäge kaufte – angeblich, um damit ein Schwein zu zerlegen. Diversen Schmuck des Opfers sowie das erpresste Geld findet die Polizei später in einem Schließfach beziehungsweise auf einem Konto, das ein Strohmann für Lutz R. eingerichtet hat.

Das zweite Opfer des Kürschners ist die Industriekauffrau Greta L. Wieder plant der Täter, durch die Entführung in den Besitz von Geld und Schmuck zu kommen. Mit der Beute will er seine geplante Auswanderung nach Costa Rica finanzieren. Aus dem Haus des Opfers nimmt er Schmuck, Geld, Kleidung, Hausrat und Papiere an sich. Er bringt die Frau, die er seit Jahren unter anderem über eine Mitgliedschaft aus dem Schwimmverein kennt, am 5. Oktober 1988 in seine Gewalt. Er schleppt sein Opfer zum Bunker in seinem Haus. Dieser ist nur über eine 60 mal 60 Zentimeter große Schleuse zu erreichen.

Im hintersten Raum dieses Bunkers, keine 2,5 mal 3 Meter groß, ist die 31-Jährige bis zum 30. Oktober gefangen, die meiste Zeit davon mit Fuß- und Handschellen an den Metallrahmen eines Etagenbettes gefesselt. Hier hält der Entführer sie vermutlich dreieinhalb Wochen gefangen, bis er sie ermordet. Die Leiche der Frau verstaut er in einer mit Salzsäure aufgefüllten Tonne. Es muss sein Ziel gewesen sein, den Körper bis zur Unkenntlichkeit zu zerstören. Das Fass vergräbt er auf dem Grundstück seines Wochenendhauses.

Über die Wochen der quälenden Gefangenschaft zwingt der Mann seine Geisel, immer wieder handschriftliche Briefe an ihre Familie, an ihren Lebensgefährten, an Bekannte oder Kollegen zu schreiben. Tenor dieser Schreiben ist, dass sie einen neuen, sehr wohlhabenden Lebenspartner kennengelernt habe. Diese Karten werden unter anderem aus Chile und den USA abgeschickt. Die Schreiben sollen vortäuschen, die 31-Jährige sei im Ausland auf Reisen. Außerdem hebt Lutz R. in mehreren Tranchen fast 10 000 Mark von den Konten des Opfers ab. Darüber hinaus muss sie Weihnachts- und Neujahrsgrüße verfassen, fast drei Monate vor diesen Festtagen.

Der Frau muss klar gewesen sein, dass sie den Bunker nicht lebend verlassen würde. Todesangst ist ihr ständiger Begleiter. Ausgeliefert einem Mann, der zu allen Grausamkeiten bereit scheint. Unvorstellbare Pein: Sie weiß, dass sie sterben würde. Bloß wann?

In ihrer Verzweiflung versucht Greta L. in drei Schreiben, die ihr abgenötigt werden, geheime Hinweise zu verstecken, um vielleicht doch noch gerettet zu werden. Heimlich hat sie bestimmte Buchstaben mehrfach nachgezogen. Zusammengesetzt ergeben diese Lettern das Wort „Hilf“ sowie den Vornamen ihres Entführers. Den Empfängern der Schreiben entgeht diese verschlüsselte Botschaft. Deren Sinn wird erst Jahre später entdeckt, als der Fall endlich im Visier von Ermittlungen ist.

Für das Entführungsopfer kommt es in seinem Kerker noch schlimmer. Irgendwann während der Gefangenschaft schlägt die Motivation ihres Geiselnehmers um. Zwar geht es Lutz R. weiterhin darum, Geld zu erpressen. Doch es schlägt seine sadomasochistische Veranlagung durch. Mit unterschiedlichen Frauen hat er in den Jahren zuvor schon einvernehmlich sadomasochistisch geprägten Sex gehabt, auch mit Fesselspielen. Handschellen und anderes Fesselmaterial hat er deshalb zur Hand. Und ein Kerker mit schalldichten Wänden bietet aus seiner Sicht ein willkommenes Ambiente.

Nun also werden seine Fantasien dadurch entfacht, dass Greta L. sich hilflos in seiner Gewalt befindet, voller Todesangst, eine unter schrecklichen Qualen leidende Frau. Was bei anderen Mitleid und Entsetzen hervorrufen würde, wirkt für Lutz R. stimulierend. Er fesselt sein Opfer an das Etagenbett, foltert es mit Stricken, knebelt die Frau, schlägt sie mit einer Peitsche und vergewaltigt die hilflose Gefangene, immer wieder. Außerdem schneidet er ihr, um sie noch mehr zu demütigen, die Haare ab.

Es lässt sich später so genau nachvollziehen, welches Martyrium er seinem verzweifelten Opfer zufügt, weil er die Folterungen auf Fotos festhält. Sein Bestreben ist es, sich später mit den Bildern erneut zu stimulieren.

Außerdem lässt der Verbrecher seine Gefangene Texte auf eine Tonbandkassette sprechen, in denen sie Fesselungen und erzwungenen Verkehr schildert. Auch die sadomasochistischen Quälereien werden von ihr beschrieben. Sie erzählt unter anderem, wie sie mit einer Peitsche geschlagen wird, es werden weitere Folterungen dargestellt. Von „panischer Angst" ist die Rede, von Hieben mit einem Gürtel und mit der Hand, von Knebelungen. „Ich wimmere und schreie", heißt es in den Tonaufnahmen. Der Kürschner hat viele Minuten solcher Schilderungen aufgenommen. Sie sind, zusammen mit den Fotos, Dokumente des Grauens. An ihnen möchte sich der Sadist noch lange ergötzen.

Dem Täter spielt in die Hände, dass die Schreiben, die Greta L. an ihre Angehörigen verschicken musste, ihre Wirkung nicht verfehlen. Es entsteht der Eindruck, sie sei freiwillig unterwegs. Denn immer wieder nimmt sie in den ihr abgenötigten Briefen und Karten Bezug auf Ereignisse, die sich während ihrer Zeit im Bunker zutragen. So geht es beispielsweise um ein Möbelstück, das sie noch gemeinsam mit ihrem Lebensgefährten gekauft hatte und das das Möbelhaus nun liefern möchte. Nun soll ein Termin abgestimmt werden.

Mit geschickten Täuschungsmanövern gelingt es dem Peiniger der Frau, ihren Verwandten und Bekannten immer wieder vorzugaukeln, sie sei bei bester Gesundheit und plane ihre Zukunft. In ihrem Umfeld glauben deshalb manche, sie habe tatsächlich mit einem anderen Liebhaber ein neues Leben angefangen. Nur einmal wird vonseiten der Polizei kurz zum Verschwinden der 31-Jährigen nachgeforscht. Der Polizist, der die Erkundigungen übernimmt, ist ausgerechnet ein Bekannter von Lutz R. und Greta L. Alle drei kennen sich aus dem Schwimmverein. Der Beamte lässt sich von dem Kürschner leicht abwimmeln.

Weil man nach wie vor davon ausgeht, dass die Frau freiwillig untergetaucht ist, finden weitere Ermittlungen nicht statt. Am 28. Oktober werden sie ganz eingestellt. Es ist ein schicksalhaftes Datum. Zu diesem Zeitpunkt hätte das Opfer vermutlich noch gerettet werden können, wenn den Hinweisen kritischer nachgegangen worden wäre. Sie hat da noch zwei Tage lang zu leben ... Zwei weitere Tage in Todesangst, mit Qualen und zunehmender Verzweiflung.

Dass die Gefangene höchstwahrscheinlich am 30. Oktober ermordet wird, wird später anhand der Schreiben des Opfers rekonstruiert. Bis zu diesem Tag hat Greta L. noch auf aktuelle Ereignisse reagiert. Danach kommen nur noch bereits länger vorgefertigte Nachrichten bei ihren Angehörigen an. Wie die Frau ermordet wird, kann später nicht mehr festgestellt werden.

Allerdings nimmt das Gericht im Prozess an, dass Lutz R. sein Opfer im Rahmen eines von ihm als rauschhaft erlebten sadomasochistischen Sexualakts umbringt, geleitet von sadistischen Impulsen. Er habe bei dem Tötungsakt ein hohes Maß an Lust empfunden, heißt es schließlich im Urteil. Allerdings sei ihm voll bewusst gewesen, dass er eine unliebsame Zeugin ausschaltet. Für immer.

Nach dem Mord an Greta L. zerteilt Lutz R. mit seiner Fleischersäge den Leichnam, indem er dem Opfer die Beine unterhalb der Knie absägt. Dann packt er die

Tote, wie auch schon Heidrun M., in ein Salzsäurefass. Schließlich vergräbt er die Tonne auf dem Grundstück seines Ferienhauses. Vier Jahre lang bleibt der Leichnam unentdeckt. Bis er schließlich, nach Hinweisen auf das vergrabene Fass, mithilfe von Baggern und Presslufthämmern an die Oberfläche geholt wird.

Zuvor hat Lutz R. noch zwei weitere Erpressungsversuche unternommen. Sein Bedarf an Geld ist nach den beiden Geiselnahmen noch immer nicht gedeckt. Im März 1990 bringt er deshalb eine 65-jährige Bekannte unter einem Vorwand dazu, seinen Bunker zu besichtigen. Er stößt die Frau gewaltsam in den kleinen Raum und fesselt sie mit Handschellen. Dann will er sie zwingen, ihm 300 000 Mark zu geben. Doch das Opfer greift in ihrer Not zu einer List und behauptet, sie habe zu Hause einen Zettel mit der Adresse von Lutz R. hinterlassen. Wenn sie nicht bald nach Hause komme, würden Verwandte die Polizei benachrichtigen. Mit ihrer Taktik hat die 65-Jährige Erfolg: Der Entführer lässt sein Opfer frei.

Den nächsten Versuch, Geld zu erpressen, startet Lutz R. im August des Folgejahres. Auch hier stammt das Opfer aus seinem Bekanntenkreis, ein vierundsechzig Jahre alter Mann. Diesen bringt der Kürschner mit einem Vorwand dazu, mit ihm zum Bunker zu gehen. Dort wird der Mann überwältigt und mit Handschellen gefesselt. Doch nach langem Zureden kann das Opfer den Verbrecher dazu bringen, ihn freizulassen.

Irgendwie gelingt es Lutz R., die beiden Beinahe-Geiseln zum Schweigen zu überreden. Beide Entführungsopfer haben die Taten zunächst nicht angezeigt.

Einen Monat später entführt Lutz R. die Lebensgefährtin seines früheren Chefs, jene Frau also, die er erst nach einer Woche wieder freilässt. Nun endlich, nach diesem Verbrechen, wird der gefährliche Täter festgenommen.

Womöglich hätte er sonst weitergemacht. Wenn es je bei ihm eine Hemmschwelle gegeben hat, jetzt scheint sie nicht mehr existent zu sein. Zwei Morde und drei Entführungen: Wer weiß, ob Lutz R. unter anderen Umständen nicht auch seine späteren Geiseln umgebracht und in Säurefässern vergraben hätte?

Die Hauptverhandlung gegen den Kürschner beginnt im Januar 1995 vor dem Schwurgericht. Über lange Zeit schweigt der mittlerweile 47-Jährige im Prozess. Sein Blick, der von vielen als „stechend" empfunden wird, ist fixiert auf die Zeugen, als wollte er sie durchbohren. Der kräftig gebaute Mann wirkt angespannt, wie unter Strom, nur mühsam beherrscht. Im Laufe der 93 Verhandlungstage wird er immer unruhiger und ungestümer; er möchte sich nun doch zu den Vorwürfen äußern, offenbar gegen den Rat seiner drei erfahrenen Verteidiger.

Nun aber erzählt er unter anderem, eine „Organmafia" habe die Frauen getötet, um Organe für Transplantationen zu gewinnen. Dass dies nicht zutreffen kann, lässt sich durch die rechtsmedizinischen Untersuchungen am vergleichsweise weniger stark zersetzten Leichnam der 31-Jährigen leicht widerlegen. Nun liefert Lutz R. für den Tod seines ersten Opfers Heidrun M. eine Version, die ihn möglichst aus der Verantwortung lassen soll: Die 61-Jährige habe sich bei dem Sturz auf einer Kellertreppe tödliche Kopfverletzungen zugezogen, behauptet der Angeklagte. Um diesen Unfall zu vertuschen, habe er den Körper der Frau in dem Säurefass deponiert und vergraben.

Auch den Tod von Greta L. stellt Lutz R. im Verlauf des Verfahrens als Unglück dar. Er und die junge Frau hätten seit Längerem eine sexuelle Beziehung gehabt und geplant, gemeinsam nach Südamerika auszuwandern. Als sie schließlich gezögert habe, tatsächlich mit ihm ins Ausland zu gehen, habe er seiner Geliebten eine aus Kräutern gewonnene Droge namens „Burudanga“ verabreicht, die Menschen willenlos macht. Unter dem Einfluss dieser Droge, die Greta L. bei einem gemeinsamen Saunagang konsumiert habe, habe sie ihm in den Penis gebissen, erzählt Lutz R. Er sei dadurch völlig außer Kontrolle geraten, habe sie zurückgestoßen und habe sie benommen in der voll aufgeheizten Sauna zurückgelassen. Als er zurückkam, sei sie tot gewesen, offenbar infolge eines Kreislaufversagens. Der Angeklagte behauptet, von dem Biss in den Penis eine entstellende Narbe davongetragen zu haben. Doch eine rechtsmedizinische Untersuchung am Geschlechtsteil beweist: Die Geschichte ist gelogen. Viele der Erklärungsversuche des Angeklagten zum Verschwinden der Greta L. seien „als erfundene Fantasiegeschichten entlarvt“, heißt es später vom Gericht.

Verstörende, entsetzliche Details über das Martyrium der 31-Jährigen scheinen Niederschriften zu liefern, die ein anderer Häftling der Polizei überreicht hat. Dieser Mann sitzt wegen eines Mordes bereits seit vielen Jahren „lebenslänglich“ im Gefängnis. Für die Dauer eines zweiten Prozesses, wo er sich nun wegen eines weiteren Mordes an einem Mithäftling vor Gericht verantworten muss, ist dieser Mann im Untersuchungsgefängnis untergebracht – und hat dort bei Hofgängen Lutz R. getroffen. Der Kürschner habe ihm grausame Einzelheiten über die Folter und die Vergewaltigungen berichtet, mit der er die 31-Jährige im Bunker immer wieder gequält habe, teilt der verurteilte Mörder mit. Und auch die 61-jährige Gefangene sei wiederholt von dem Geiselnehmer missbraucht worden. Viele Seiten mit handschriftlichen Notizen, die ein Gedächtnisprotokoll des Mithäftlings über die Erzählungen des Kürschners erhalten sollen, werden nun im Prozess verlesen. Sie erhalten kaum erträgliche Schilderungen über Grausamkeiten. Ob sie der Wahrheit entsprechen, kann das Gericht nicht überprüfen. Denn als der Mithäftling als Zeuge gehört werden soll, verweigert er die Aussage. Auch die Androhung von Zwangsmitteln kann den Mann nicht umstimmen. Wer lebenslänglich hat, den kann die Aussicht auf einige Tage Beugehaft kaum beeindrucken.

Im Urteil heißt es später, das Gericht habe sich nicht auf die Notizen des verurteilten Mörders gestützt. Die Kriminalbeamtin, die die Verbrechen des Kürschners aufgedeckt hat, sieht dies allerdings anders. Sie ist davon überzeugt, dass die beiden Mörder sich beim gemeinsamen Hofgang an den – nach ihrer Einschätzung wahren – schockierenden Szenen ergötzt haben.

Aber auch so, nachdem etliche andere Zeugen gehört worden sind, nachdem Kontobewegungen überprüft und viele Seiten umfassender Schriftverkehr bewertet worden sind, steht für die Schwurgerichtskammer zweifelsfrei fest: Lutz R. ist des Mordes an Heidrun M. und Greta L. schuldig. Nach fünfzehn Monaten verkündet der Vorsitzende Richter am 22. Mai 1996 das Urteil, das die nach deutschem Recht schwerstmögliche Strafe bedeutet: lebenslange Freiheitsstrafe mit der Feststellung der besonderen Schwere der Schuld. Zudem verhängt das Gericht die Sicherungsverwahrung. Dem geht die Einschätzung eines psychiatrischen Sachverständigen voraus, dass Lutz R. wegen einer sadomasochistischen Fehlentwicklung und einer schweren seelischen Abartigkeit auch nach Verbüßung seiner Freiheitsstrafe eine Gefahr für die Allgemeinheit sein wird. Weitere schwere Straftaten wären von ihm zu erwarten.

Lutz R. sitzt bis heute hinter Gittern. Man darf hoffen, dass er bis zu seinem Lebensende nicht in Freiheit kommt.

Wann ist Sex „nicht normal“?

Im Hinblick auf die Dimension abweichenden Sexualverhaltens ist zu berücksichtigen, dass sich hier medizinische, psychiatrische und psychologische Erwägungen einerseits sowie gesellschaftliche Konventionen, Voreingenommenheiten und strafrechtliche Normierungen andererseits überlagern können. Teils vermengen sie sich, und zum Teil widersprechen sie einander. Zwei Fragen stehen im Vordergrund:

1. Wann ist abweichendes Sexualverhalten pathologisch oder krankhaft?

2. Wann wird abweichendes Sexualverhalten strafbar, d.h. welches Sexualverhalten wird kriminalisiert?

Beide Aspekte beinhalten die Frage nach den Grenzen normaler Sexualität. Ende des 19. Jahrhunderts wurden diese Fragen von Medizinern und Psychologen aufgeworfen. Man bemühte sich um die Beschreibung der psychiatrischen und psychopathologischen Auffälligkeiten abweichenden Sexualverhaltens. Normale Sexualität wurde schlicht mit der Fortpflanzung verbunden. Später wurde dieser Ansatz kritisiert, da damit von der gesellschaftlichen Norm abweichendes Sexualverhalten pathologisiert wurde.

Die wohl entscheidendsten Neuerungen des Verständnisses von Sexualität und ihren Abweichungen kamen von Alfred Charles Kinsey und anderen, die auf empirischer Basis Sexualverhalten durch anonyme Befragungen erforschten. Hierbei gaben beispielsweise 65 Prozent männlicher College-Studenten an, verschiedene Formen „nicht normaler" Sexualität praktiziert zu haben.

Die Verständigung über Normalität und Pathologie von Sexualverhalten wird durch eine nicht unerhebliche Begriffsverwirrung gestört. Am weitesten gefasst erscheint der Begriff psychosexuelle Störungen. Darunter versteht man abweichendes Sexualverhalten und Störungen der sexuellen Präferenz sowie diverse sexuelle Funktionsstörungen, zusammengefasst unter dem Begriff „sexuelle Devianz". Es ist allerdings zu berücksichtigen, dass deviante Elemente auch bei den meisten „normalen" sexuellen Betätigungen vorkommen.

Der Begriff der „sexuellen Perversion“ wird verwendet, wenn es sich um ein krankhaftes Abweichen des Sexualverhaltens handelt.

Der Begriff „Paraphilie“ entspricht der Störung der sexuellen Präferenz. Bei der Paraphilie handelt es sich um eine chronische Vorliebe für eine sexuelle Praktik, die nicht der Fortpflanzung dient und die entweder in der Fantasie oder durch sexuelle Betätigung ausgelebt wird, in neuerer Zeit in zunehmendem Maße auch im Internet.

Unter Paraphilien werden z. B. folgende Formen der psychosexuellen Störungen verstanden: Exhibitionismus, Fetischismus, Frotteurismus, Pädophilie, Masochismus, Sadismus, Transvestitischer Fetischismus, Voyeurismus.

Die Häufigkeit der pädophilen Störung in der männlichen Bevölkerung wird auf drei bis fünf Prozent geschätzt, bei Frauen deutlich niedriger. Sadistische Störungen kommen bei etwa 2,2 Prozent der Männer und 1,3 Prozent der Frauen vor. Etwas häufiger sind z. B. die voyeuristische Störung und der Exhibitionismus.

Pädophilie ist kein rein männliches Phänomen, wenngleich entsprechende Handlungen durch Frauen, auch durch Mütter, in der Gesellschaft bislang kaum problematisiert werden. Den Opfern weiblicher Übergriffe fällt es möglicherweise besonders schwer, den Missbrauch mitzuteilen. Pädophilie ist die häufigste der inkriminierten Paraphilien. Bei etwa 40 Prozent der Sexualstraftäter mit Haftstrafen besteht eine Pädophilie. Das im Gesetz festgeschriebene Schutzalter beträgt vierzehn Jahre. Bei Vergehen an Kindern gilt: Je jünger das Kind ist, desto auffälliger ist der Erwachsene. Menschen, die sexuelle Handlungen an Kindern vornehmen, bedürfen der psychiatrischen Abklärung.

Derartige Taten sprengen das Vorstellungsvermögen fast aller Menschen – ausgenommen das der Täter, die sich in ihrer Fantasie alles immer wieder ausmalen. Für sie ist es geradezu eine Sucht. In der Hamburger Rechtsmedizin wurde ein Fall analysiert, bei dem ein 56-Jähriger mehrere Babys misshandelt und sexuell missbraucht hat. Der Mann flog auf, weil die Polizei wegen Kinderpornographie gegen ihn ermittelte. Auf seinem Smartphone wurden Dokumente eines grauenvollen Geschehens gesichert. Es ist schwer vorzustellen, dass ein solcher Täter jemals erfolgreich therapiert werden kann oder dass seine kriminelle Energie oder Fantasie erlöschen.

Die Begriffe Sadismus und Masochismus gehen auf die Schriften des Marquis de Sade (1740-1814) sowie auf den Schriftsteller Leopold von Sacher-Masoch (1836-1895) zurück. Demnach gilt die Sucht zu quälen als Sadismus sowie die sexuelle Befriedigung durch zum Teil schrankenlose Unterwerfung als Masochismus. Das fehlende Einverständnis des Sexualpartners ist die Voraussetzung für eine forensische Relevanz derartiger Sexualpraktiken. Sadismus zielt auf eine totale Beherrschung des Sexualpartners und dessen ohnmächtiges Ausgeliefertsein ab, wobei die Sexualität des Sadisten häufig mit Omnipotenzgefühlen verbunden ist.

Es gibt durchaus komplementäre sadistisch-masochistische Paare und bestimmte einverständliche sadistische Praktiken, die in bestimmten Zirkeln ritualisiert ausgeübt werden. Allerdings birgt die sadistische Erniedrigung und Beherrschung des Partners extreme Gefahren. Die am hilflosesten ausgelieferten Partner sind Tote. Unter Umständen werden sadistische Handlungen am Toten fortgesetzt, im Extremfall als sogenannte offensive Leichenzerstückelung. Wenn der tote Körper eine eigene sexuelle Reizwirkung ausübt, spricht man auch von Nekrophilie.

Einige Serienmörder sind offensichtlich aufgrund sadistischer Impulse immer wieder zu Tätern geworden. Beispielsweise soll der Marshall Gille de Rais (1400-1440) zur Befriedigung sadistischer Triebe 300 Kinder getötet haben. Der elffache Mörder Peter Kürten (aus den 1920er Jahren) berichtete, dass er beim Drosseln und Erstechen seiner Opfer zum Orgasmus gelangt sei. Peter Sutcliffe, der dreizehn Frauen tötete, hatte sich immer wieder an sadomasochistischen Filmen erregt. Menschen, bei denen Aggressionen mit sexueller Triebbefriedigung verknüpft sind, stellen ein hohes Gefährdungsrisiko für andere dar. Sadistische Aspekte in einer Tatausführung oder bei einer Täterpersönlichkeit sind auch ein Indikator für eine höhere Rückfallwahrscheinlichkeit.

Die Behandlung von sexuellen Deviationen ist eine Aufgabe der sexualmedizinischen Psychotherapie und des Maßregelvollzugs. Angesichts drohender rechtlicher Konsequenzen mit unabsehbar langer Sicherungsverwahrung sind viele Straftäter auch zu gravierenden Maßnahmen, etwa einer hormonellen Dämpfung der sexuellen Appetenz und Potenz oder unter Umständen sogar zu einer Kastration, bereit. Einige besonders negative Beispiele zeigen, dass dies später allerdings auch durch eine medikamentöse Therapie (z. B. mit Sexualhormonen) wieder rückgängig gemacht werden kann; neue Straftaten können so keineswegs ausgeschlossen werden.

DER „ALTE OPI“ MIT DER TARNKAPPE

Ganz allmählich senkt sich Stille über den Wald. Es ist ein schöner Spätsommertag, der zu Ende geht. Nur vereinzelt ist noch ein Vogelzwitschern zu hören, das Keckern eines Eichhörnchens und das Flüstern der Blätter, wenn der Wind durch die Zweige der Bäume streicht. Sabine S. liebt die idyllische Ruhe der Abendstunden in dem Forst im äußersten Hamburger Osten, wenn sie mit ihrem Pferd ausreitet. Am lockeren Zügel schreitet ihr Wallach aus, als die 34-Jährige plötzlich zurückschreckt. Nur einige Meter entfernt sieht sie einen Mann in einer beängstigenden Aufmachung: Er ist mit einer Strumpfmaske getarnt und macht sich am Kofferraum seines Wagens zu schaffen.

Es gibt Menschen, die in so einer Situation lieber still das Weite suchen und untätig bleiben. Sabine S. aber handelt. Noch am selben Abend meldet sie den beunruhigenden Vorfall der Polizei und teilt den Beamten das Autokennzeichen des verdächtigen Fahrzeugs mit. Doch dort, so erzählt sie es gut zwei Jahre später vor Gericht, wird ihre Aussage mit einer lapidaren Bemerkung abgetan. Ein Polizist habe zu ihr gesagt: „Wahrscheinlich ist nichts dabei. Es gibt die merkwürdigsten Leute, die einfach Spaß daran haben, mit einer Strumpfhose maskiert im Wald rumzulaufen.“

Ein schlimmeres Verkennen einer dramatischen Situation ist kaum vorstellbar. Denn was die Zeugin zwischen den Bäumen beobachtet hat, ist mitnichten ein harmloser Verkleidungsspaß eines Mannes mit fragwürdigem Humor – sondern der Beginn eines Martyriums für ein kleines Mädchen. In dem Kofferraum des Autos hat eine Neunjährige gekauert, die von einem Mann in seine Gewalt gebracht worden ist. Der sie zunächst in den Wald verschleppt, dann fesselt und knebelt er sie und bringt sie in sein Haus im Hamburger Umland. Dort missbraucht und foltert er die junge Schülerin, zwei Tage lang. Schließlich setzt er das schwer verletzte Kind in einem Waldstück aus.

Die kleine Marina hat die Qualen überlebt. Die Wunden aber, die die Tortur in ihre Seele geschlagen hat, werden vermutlich niemals wirklich ausheilen. Auch zwei andere Mädchen, die demselben Täter zum Opfer fallen und von ihm gemartert werden, werden womöglich ihr Leben lang mit den Erinnerungen an ihre Qualen zu kämpfen haben.

Das Böse kann ganz unauffällig daherkommen. Scheinbar harmlos und getarnt hinter vermeintlicher Hinfälligkeit. Der Mann, der später als Schwerverbrecher verurteilt wird, weil er Marina, Clara und Judith sexuell missbrauchte und folterte, wirkt so schwächlich und gebrechlich, dass selbst ein erfahrener Kriminalbeamter zunächst kaum glauben mag, dass er einen gefährlichen Kinderschänder vor sich hat. „Als er mir auf der Treppe entgegenkam, wollte ich im ersten Moment wieder gehen“, erzählt der Polizist später über seine erste Begegnung mit dem Verdächtigen. „Dieser Mann kann es nicht gewesen sein, dachte ich.“

Hartmut M., der auf einen Stock gestützt geht, der eher klein ist und seine besten Jahre hinter sich hat, wirkt in der Tat nicht wie einer, dem man brutale Übergriffe auf Kinder zutrauen würde. Doch alle Spuren und Hinweise weisen in seine Richtung. Nach monatelanger Jagd einer Sonderkommission der Polizei sind die Ermittler schließlich sicher, im richtigen Haus angekommen zu sein. Hier, in einer kleinen Ortschaft östlich von Hamburg, hat der 63-Jährige seine unfassbaren Verbrechen geplant, vorbereitet und ausgelebt. Der Verdächtige wird vor Gericht gestellt und nach einem acht Monate dauernden Prozess zu zwölf Jahren Freiheitsstrafe und Einweisung in die geschlossene Psychiatrie verurteilt.

Sein erstes Opfer ist Clara. Die damals 16-Jährige steigt an einem Tag im August 1992 als Anhalterin in den Wagen des Mannes ein. Er biegt von der Hauptstraße ab und fährt mit ihr zu einer abgelegenen Scheune. Dort bedroht er die Schülerin mit einem Messer, verletzt sie damit im Gesicht, fesselt und knebelt sie und versucht, sein Opfer zu entkleiden und zu vergewaltigen. Als sie sich verzweifelt wehrt, beginnt er sie zu würgen. Mit letzter Kraft kann sie sich befreien und fliehen.

Zwei Jahre später, Ende August 1994, bringt der Täter Marina in seine Gewalt. Er reißt die Neunjährige auf einem Parkplatz von ihrem Fahrrad. Er droht, ihr die Kehle durchzuschneiden, wenn sie nicht tut, was er sagt, und zwingt sie, in den Kofferraum seines Wagens zu klettern. Dann fesselt und knebelt er sie und verschleppt sie in sein Haus. Dort betäubt er das Mädchen mit Medikamenten, missbraucht und foltert es. Marinas Schmerzensschreie nimmt er auf Tonband auf und spielt das Band dem gepeinigten Kind vor. Schier endlose vierzig Stunden später setzt der Täter die schwer verletzte Neunjährige in einem Waldgebiet aus. Ein Spaziergänger entdeckt das Kind, das kaum noch bei Bewusstsein ist, und ruft Hilfe.

Sein nächstes Opfer sucht sich der Sexualverbrecher im April 1995. Mit einem Trick lockt er die damals elfjährige Judith zu seinem Wagen. Das Mädchen ist auf einem Spielplatz, als ein Mann in gebeugter Haltung auf sie zu humpelt. Er erzählt, er sei am Rücken verletzt und könne sich nicht bücken. Er bittet Judith, für ihn eine Tasche unter dem Beifahrersitz hervorzuholen. Als sie sich in den Wagen beugt, um ihm zu helfen, stößt er sie in das Fahrzeug und fährt mit ihr zu einem einsamen Weg. Dort bedroht er das Mädchen mit einem Messer, betäubt es und nötigt es, auf den Rücksitz seines Autos zu steigen. Schließlich missbraucht er die Schülerin auf unterschiedliche Arten sexuell. Trotz ihrer Schmerzensschreie kennt der Täter kein Erbarmen und verletzt das Mädchen schwer. Der Mann, der ihr die Wunden zufügt, schreit das Mädchen an: „Igitt, du saust mir das Auto voll." Dann setzt er das Kind im Nordosten Hamburgs aus.

Bei schwersten Verbrechen zu Lasten sehr junger Menschen hat die medizinische und psychologische

Versorgung der Opfer oberste Priorität. Zugleich erhoffen sich Ermittler durch die Untersuchungen der Geschädigten, etwa durch Sichern von fremder DNA, sowie durch ihre Aussagen wertvolle Hinweise, die zur Ergreifung des Täters führen sollen. Gewaltsame Sexualtaten führen in vielen Fällen bei den Opfern zu Verletzungen am Unterleib. Häufig kommen Fixierungsverletzungen an Armen und Beinen vor, Würgemale am Hals, Verletzungen im Mundbereich und unter Umständen auch Blutungen am Hinterkopf, wenn der Täter das Haupt seines Opfers auf den Boden geschlagen hat. In Hamburg werden die Opfer derartiger sexueller Übergriffe regelhaft durch Rechtsmedizinerinnen untersucht. Dafür gibt es eine 24-Stunden-rund-um-die-Uhr-Bereitschaft. Diese rechtsmedizinische Untersuchung kindlicher Opfer erfolgt entweder in der Ambulanz des Instituts für Rechtsmedizin oder in der Notaufnahme des Universitätsklinikums Eppendorf. Die Experten ziehen Kinderärzte und Gynäkologen hinzu und versuchen, eine Traumatisierung durch die Untersuchung so gering wie möglich zu halten, indem sie den Kindern den Eindruck vermitteln, in einer geschützten Umgebung zu sein – und das zusammen mit Ärzten, die die körperlichen Verletzungen versorgen. Nachfolgend kümmern sich Ärzte, Psychologen und Pädagogen um die Psyche der Opfer.

Bei der Ermittlung des Mannes, der sich später wegen der brutalen sexuellen Übergriffe auf Clara, Marina und Judith vor Gericht verantworten muss, werden etliche Spuren gesichert und die Aussagen der

Opfer sowie von Zeugen zu einem Puzzle zusammengefügt. Die beiden Kinder und die Jugendliche liefern der Polizei Beschreibungen des Täters und seines Autos. Marina schildert auch, was sie von dem Haus erinnert, in dem sie fast zwei Tage lang gefangen gehalten und gequält wurde. Durch die Aussagen der Opfer wissen die Ermittler, dass der Vergewaltiger ein orangebraunes Auto fährt. Von einer Zeugin erhalten sie den Hinweis auf ein Kennzeichen, das mit den Buchstaben OD beginnt. Und eine an der Kleidung von Judith sichergestellte helle Velourteppichfaser, die von der Kriminaltechnik ausgewertet wurde, bringt schließlich den Durchbruch: Die Faser stimmt in Farbe und Struktur mit Musterteppichen einer bestimmten deutschen Automarke überein.

Daraufhin konzentriert sich die Fahndung auf Halter dieser Marke. Ein entscheidender Hinweis kommt schließlich von einer Polizistin, die beim Einkaufen im Hamburger Nordosten zufällig einen orangebraunen Wagen dieser Art mit heller Innenausstattung und Oldesloer Kennzeichen bemerkt. Zudem liegen überall im Wagen Zigarettenschachteln, genau so, wie es die Opfer beschrieben haben. Die Kriminalbeamtin wartet, bis der Fahrer zu seinem Auto zurückkehrt, sie bemerkt, dass er etwas hinkt. Auch diese leichte Behinderung haben Marina und Judith beschrieben. Eine Überprüfung des Wohnhauses bringt weitere Übereinstimmungen mit den Schilderungen Marinas. Die Neunjährige hat von gelben Klinkersteinen an der Fassade, einer Garage voller Gerümpel und einer Katze erzählt – genau wie es bei dem jetzt Verdächtigen der Fall ist.

Die Ermittler sind sich sicher: Hartmut M. hat die elf Jahre alte Judith in seinem Auto missbraucht. Er hat die zwei Jahre jüngere Marina während eines Urlaubs seiner Frau in sein Haus verschleppt und mehrfach vergewaltigt. Und er hat im Jahr 1992 die 16-jährige Clara zu vergewaltigen und zu erwürgen versucht. Im Juli 1995 wird der Verdächtige festgenommen. Bei einer Vernehmung sagt der Hausbesitzer: „Sie wissen doch, ich bin kastriert worden. Ich kann es also gar nicht gewesen sein."

Es ist nun Aufgabe von Rechtsmedizinern und Urologen zu klären, wozu der Mann, der tatsächlich nach einer Verurteilung wegen Vergewaltigung Ende der 1960er-Jahre kastriert wurde, sexuell überhaupt noch in der Lage ist. Konkret: ob er zu einer Erektion fähig ist. Im Hinblick auf die Sexualität von Männern und Frauen im mittleren und höheren Alter gibt es sehr starke Unterschiede. Bei vielen spielen sexuelle Aktivitäten im letzten Lebensdrittel eine sehr untergeordnete Rolle. Ursache dafür können Krankheiten wie Schlagaderverkalkung und Durchblutungsstörungen sein. Bei Männern gibt es dann zum Teil erhebliche Diskrepanzen zwischen sexuellem Interesse und körperlichen Fähigkeiten. Doch bestimmte Hormonpräparate sowie durchblutungsfördernde Medikamente können Abhilfe schaffen. Und mit derartigen Medikamenten kann sogar ein kastrierter Mann vergewaltigen. Zudem muss aus medizinischer Sicht jeder Patient nach einer Kastration eine Substitutionsbehandlung bekommen. Um eine Rückbildung der Muskeln sowie Osteoporose, eine Brüchigkeit der Knochen, zu verhindern, kann das

Sexualhormon Testosteron verabreicht werden. Damit können sowohl Libido als auch Erektionsfähigkeit wiederhergestellt werden. Die Kastration ist in so einem Fall medikamentös aufgehoben.

Vielleicht sucht sich der in die Jahre gekommene frühere Vergewaltiger nun gerade besonders wehrlose Opfer: Kinder.

Der Mann, der sich von April 1996 an vor dem Hamburger Landgericht verantworten muss, kommt auf einen Gehstock gestützt in den Saal. Hartmut M. wirkt älter als seine dreiundsechzig Jahre, er hat ein blasses Gesicht und graues Haar. Seine Gehhilfe lehnt der gelernte Reedereikaufmann neben seinen Stuhl, gleichsam als demonstrativen Hinweis darauf, dass er ohne offenbar nicht zurechtkommt. Er rückt seine Brille zurecht, um den Anklagesatz mitlesen zu können, der ihm unter anderem schweren sexuellen Missbrauch von Kindern vorwirft. Sein fahles Gesicht ist eine undurchdringliche Maske, die Augen sind stur nach vorn gerichtet.

Name, Alter, Geburtsort, Beruf: Viel ist es nicht, was der Mann von sich preisgibt. „Ich weise die Beschuldigungen zurück“, verkündet er nach der Anklageverlesung mit tiefer, knarrender Stimme: „Ich habe die Taten nicht begangen. Deshalb kann ich auch keine Geständnisse ablegen.“

Clara dagegen ist sich sicher, dass der Angeklagte jener Mann ist, der sie vier Jahre zuvor zu vergewaltigen versuchte und dem sie nach verzweifeltem Kampf entkam. „Das ist er“, identifiziert die mittlerweile 20-jährige Zeugin den Schleswig-Holsteiner. Ihren ersten

Eindruck von dem Mann schildert sie so: „Er war einfach so nett. Er hat gepfiffen. Er war ein alter, kleiner Opi.“ Doch Clara hat sehr schnell bemerkt, wie trügerisch und wie fatal diese Einschätzung des Mannes war, zu dem sie gutgläubig ins Auto stieg. Später zeigte er eine ganz andere Seite, die die junge Zeugin so beschreibt: „Er war so eklig. Er hat gegrinst. Er sagte: ‚Du musst sterben.‘“

„Ich wollte eigentlich nur bei Frauen mitfahren“, schildert Clara jenen Augusttag 1992, als sie zum ersten Mal in ihrem Leben trampen wollte und ein Auto mit einem Mann am Steuer anhielt. „Aber weil er so alt war, bin ich dennoch eingestiegen.“ Als der Fahrer von der Hauptstraße abbog, ließ sie sich zunächst von seiner Ausrede für das Manöver beschwichtigen: Er habe nur „noch etwas in seinen Kofferraum umladen“ wollen. Erst als er an einer verlassenen Scheune hielt, „da habe ich wirklich Angst gekriegt“. Sie habe versucht, den Mann zu schlagen. „Aber dann ging alles so schnell. Er hatte plötzlich ein Messer in der Hand. Ich sah nur eine Handbewegung, dann spritzte Blut.“ „Das war eine Warnung“, habe ihr Entführer über den Schnitt an ihrem Kinn gesagt. „Bleib ruhig und tu, was ich dir sage. Dann passiert dir nichts.“

Mit dem Messer habe er sie gezwungen, in den Kofferraum zu steigen, und sie gefesselt. „Und dann knebelte er mich. Ich bekam nur schwer Luft.“ Wie sie verzweifelt um ihr Leben kämpfte, schildert sie so: Sie kann eine Hand befreien und das Messer wegschleudern. Der Mann versucht nun, ihr die Kleidung vom Leib zu reißen, doch sie wehrt sich nach Kräften. Als sie versucht, ihn in den Unterleib zu treten, grinst er. „Kleines Mädchen war unartig. Du musst jetzt sterben", habe er in ruhigem Ton gesagt und sie gewürgt. „Da habe ich gedanklich tschüs gesagt zu meinen Eltern. Ich dachte: Jetzt muss ich sterben", erzählt sie unter Tränen. Dann habe sie noch einmal verzweifelte Anstrengungen unternommen, sich zu wehren – und es „irgendwie" geschafft zu entkommen. „Er rief mir hinterher: ‚Ich krieg dich!' Und ich war nur froh zu leben."

Die Zeugin beschreibt die Filterzigaretten mit goldenem Aufdruck, die der Mann geraucht hat, und Details aus dem Innenraum seines Autos. Vor allem aber erkennt sie eindeutig zwei Haarbänder wieder, die sie beim Kampf um ihr Leben verloren hat. Die Polizei fand sie im Wagen des 63-Jährigen. Diese verräterischen Spuren nicht beseitigt zu haben, passt nicht wirklich zu dem Täter, der es sonst gezielt drauf anlegte, sich zu verstellen und bewusst falsche Spuren zu legen. Die elfjährige Judith erzählt, dass ihr Peiniger gesagt hat: „Ich bin achtunddreißig Jahre alt." Dass dies nicht stimmen konnte, habe sie sofort gewusst: „Er war auf jeden Fall älter als mein Vater." Außerdem habe er ihr eingeschärft, sie solle erzählen, sie sei in einem gelben Auto entführt worden. Das hatte die damals Elfjährige, die brutal missbraucht und Stunden später an einem einsamen Weg ausgesetzt wurde, zunächst folgsam so erzählt. Doch dann korrigierte sie die Wagenfarbe auf orangebraun – exakt die Farbe, die das Auto von Hartmut M. hatte.

Die kleine Marina hat von dem Wagen erzählt, in dem sie entführt und zum Haus ihres Peinigers verschleppt wurde. Nach rund vierzig Stunden in seiner Gewalt, nach Missbrauch und Qualen wurde das Mädchen schwer verletzt, betäubt und verstört im Wald ausgesetzt. „Sie wimmerte“, schildert der Zeuge, der Marina im Wald entdeckte, vor Gericht. „Sie taumelte und wäre gefallen, hätte ich sie nicht gestützt.“

Einem anderen Zeugen erzählte das Mädchen bruchstückhaft, was ihm angetan worden war: In einem Keller eingesperrt und gefesselt sei sie von einem Mann immer wieder missbraucht worden. Das Furchtbare hatte sie zunächst zu verdrängen versucht. „Ich hatte gehofft, dass alles nur ein Traum wäre.“ Doch das war es nicht. „Das vergewaltigte Kind war wirklich schlimm zugerichtet“, sagt eine Kripo-Spezialistin über Marina. Durch Misshandlungen und Schläge hat das Kind am ganzen Körper Verletzungen davongetragen.

Natürlich hatte die Familie von Marina nach ihrem Verschwinden verzweifelt nach dem Mädchen gesucht. Erfolglos. Und auch der nächste Tag blieb ohne ein Lebenszeichen. Dann, nach mehr als vierzig Stunden der Ungewissheit, bekam die Mutter einen irritierenden, aber zugleich erlösenden Anruf von ihrer Mutter aus einer anderen Großstadt, die im Radio gehört hatte, man habe Marina gefunden. Und es wurde noch abenteuerlicher: Der nächste Anruf bei der Mutter kam aus der Schule der Tochter. Dort hatte man über Lautsprecher verkündet, Marina sei am Leben. Erst als die aufgelöste Mutter bei der Polizei nachhakte, wurde ihr bestätigt, dass ihre Tochter gefunden worden war. „Sie heulte und jammerte. Aber da war auch Freude, mich wiederzusehen“, erinnert sich Franziska E. an das erste

Wiedersehen mit ihrer gemarterten Tochter. „Sie war froh und glücklich, dass er sie nicht umgebracht hat und dass sie wieder zu Hause ist." Doch ihr Leid ist nach dem Martyrium im Keller ihres Vergewaltigers noch lange nicht vorbei.

Albträume, Ängste, Aggression, die Unfähigkeit, Nähe zuzulassen oder anderen zu vertrauen: Nicht wenige Opfer von Sexualverbrechen sind für ihr Leben lang beeinträchtigt.

Marina hätte viel früher aus der Gewalt ihres Peinigers befreit werden können, das wird im Prozess deutlich. Denn die Reiterin, die an jenem Augusttag im Wald den mit einer Strumpfmaske maskierten Mann gesehen hatte und bei der Polizei mit einer lapidaren Bemerkung wieder weggeschickt worden war, hatte am nächsten Tag im Radio vom Verschwinden einer Neunjährigen gehört. Daraufhin hatte sie noch einmal bei der Wache nachgehakt. Und wieder wurde sie abgespeist, weil es da „sicher keinen Zusammenhang" gebe, habe ihr der Beamte am Telefon gesagt, schildert die Frau als Zeugin im Prozess. Tatsächlich aber habe die Polizei die Adresse des Mannes, der über das von der Reiterin genannte Kennzeichen ermittelt wurde, überprüft, wie ein Beamter aussagt. „Überprüft" ist wohl eine unglaubliche Übertreibung für das, was die Polizei tatsächlich unternahm. Ein Beamter klingelte zwar am Haus des Mannes. Als ihm nicht aufgemacht wurde, sei er um das Gebäude gegangen, habe noch einmal gegen eine Fensterscheibe geklopft und sei dann wieder abgezogen, schildert er im Prozess. „Und Sie sind nicht später noch mal hin?" Der Vorsitzende Richter kann es nicht fassen. „Falls der Angeklagte der Täter war und falls das Mädchen zu der Zeit im Haus war ... Man mag es sich gar nicht vorstellen!“ In diesem Fall hätte Marina zumindest ein Teil ihrer Qualen erspart werden können.

All diese Aussagen lässt der Angeklagte unkommentiert. Mit einem scheuen Lächeln begegnet er seiner Umwelt und reckt auch schon mal, wenn er an Handschellen aus dem Untersuchungsgefängnis in den Saal geführt wird, den Daumen als Zeichen des Optimismus empor. Eifrig schreibt er im Prozess mit, notiert Zitate und Fragen, schüttelt immer wieder energisch den Kopf, als wolle er so die Beweiskraft einer Aussage infrage stellen. Oder er zupft aufgeregt am Ärmel der Robe seines Anwaltes, wenn ihm etwas auffällig erscheint. Doch das bleiche, geradezu krankhaft fahle Gesicht des Angeklagten und ein leichtes nervöses Zucken um seine Augen verraten, dass der 63-Jährige keineswegs so zuversichtlich zu sein scheint, wie er gern tut.

Neben den Zeugenaussagen gibt es im Prozess zahlreiche objektive Spuren. Die Jacke des Täters, die Marina und Judith beschrieben hatten, finden Polizisten bei einer Hausdurchsuchung bei Hartmut M. Sie war in einem Lautsprecher versteckt, blutverschmiert. Ein Tuch, mit dem den Mädchen höchstwahrscheinlich die Augen verbunden worden waren, erkennt die Ehefrau des Angeklagten als ein Stück Stoff aus ihrem Haushalt wieder. Fasern von der Kleidung aller drei Mädchen werden an der Kleidung und im Auto des Verdächtigen entdeckt und umgekehrt Fusseln aus seinem Auto an der Kleidung der Opfer.

Laut Gutachten spricht „vieles dafür“, dass die Mädchen in dem Wagen waren. Und laut DNA-Analyse besteht „kein Zweifel“, dass das Blut im Wagen des Reedereikaufmanns von Judith stammt.

Bleibt die Frage, was den Angeklagten zu seinen Taten veranlasst hat. Eine Annäherung an die Motive gibt ein Sachverständiger, der Hartmut M. psychiatrisch begutachtet hat. Er hat festgestellt, dass sich bei dem 63-Jährigen sadistische, perverse und pädophile Neigungen manifestiert haben. Er leide an einer tiefgreifenden Persönlichkeitsstörung. Auch heute noch, kurz vor dem Eintritt ins Rentenalter, sei der Angeklagte potenziell gefährlich. Dem Gutachter gegenüber hat der Angeklagte zumindest den Missbrauch von Judith gestanden. Er müsse wohl der Täter gewesen sein, hat er gesagt. „Ich kann mich aber nicht erinnern.“ In seinem Teilgeständnis hat er zumindest so etwas wie Reue gezeigt. „Armes Mädchen, was muss es durchgemacht haben“, sagt er.

Die Verbrechen an Clara, Marina und Judith bezeichnet die Staatsanwältin in ihrem Plädoyer am Prozessende als „an Abscheulichkeit kaum zu überbieten“. „Ohne jeden Respekt, ohne jede Achtung haben Sie die Kinder pervers benutzt“, sagt sie an den Angeklagten gewandt. Die Anwältin, die Marina vertritt, vergleicht Hartmut M. mit einer gefährlichen Waffe: „Es ist so, als wenn man eine Handgranate scharfmacht. Und er wusste es.“ Skrupellos, mitleidlos und grausam habe der Verbrecher „seine Triebe aufgeputscht und ausgelebt“. Über ihre zur Tatzeit neun Jahre alte Mandantin sagt sie: „Ihre Seele ist zerstört, ein schwarzer Schatten begleitet sie.“ Der Verteidiger des Angeklagten betont in seinem Plädoyer die „Notwendigkeit einer Behandlung“ seines Mandanten. „Er gehört nicht in den Knast, er gehört in Therapie.“

Als das Gericht schließlich Ende des Jahres 1996 sein Urteil verkündet, nach acht Monaten Verhandlung, ist das Gesicht von Hartmut M. noch fahler als sonst: Zwölf Jahre Freiheitsstrafe lautet die Entscheidung der Kammer. Der Angeklagte habe seinen Opfern Leiden zugemutet, „wie sie schlimmer kaum vorstellbar sind“, sagt der Vorsitzende Richter.

Weil Hartmut M. weiterhin eine Gefahr für die Allgemeinheit sei, ordnet die Kammer zudem seine Einweisung in die Psychiatrie an. Hartmut M. scheint damit gerechnet zu haben. Ganz kurz bespricht er sich mit seinem Verteidiger, dann ist beschlossen: Er nimmt das Urteil an, das unter anderem auf Vergewaltigung, versuchten Mord und Geiselnahme lautet. Er kommt in die geschlossene Abteilung der psychiatrischen Klinik Ochsenzoll.

Marina habe „ein Martyrium in besonders erniedrigenden Varianten erdulden müssen“, sagt der Richter mit Blick auf den Angeklagten. „Und dann setzte er sie wie einen benutzten Gegenstand, der fortgeworfen wird, aus.“ Auch Judith habe „widerwärtige Sexualhandlungen erdulden müssen“ und sei ausgesetzt worden, „benommen und schwer verletzt“. Bei dem Missbrauch des Kindes in seinem Wagen habe der Täter „völlige Gleichgültigkeit gegenüber den Leiden des Opfers“ gezeigt.

Die 16-jährige Clara habe „Todesangst gehabt“. Als

dem Täter klar geworden sei, dass er die Jugendliche nicht würde missbrauchen können, habe er beschlossen, sie umzubringen und begonnen, sie zu würgen. Bei allen Opfern sei nicht absehbar, ob sich die psychischen Folgen der Taten jemals legen würden, so der Vorsitzende.

Trotz seiner Kastration, die Hartmut M. im Jahr 1969 nach der Vergewaltigung einer Neunjährigen hatte vornehmen lassen, sei der Mann zum Geschlechtsverkehr in der Lage gewesen, betont der Richter. „Und er fühlte sich seit Jahrzehnten zu Kindern hingezogen.“ Ein psychiatrischer Gutachter hatte bei B. eine „perverse sexuelle Symptomatik“ und „pädophile, sadistische Tendenzen“ festgestellt. Der Schutz der Allgemeinheit müsse gewährleistet sein, denn für das Gericht stehe „zweifelsfrei fest, dass vom Angeklagten erhebliche ähnliche Taten zu erwarten sind. Die perverse Symptomatik ist chronisch.“

Das Opfer bekommt „lebenslang“

Bei der Aufklärung von Sexualverbrechen stehen für Polizei und Justiz die Nachweisbarkeit der Tat, die Identifizierung, Verfolgung und Verhaftung des Täters sowie der Prozess und die Bestrafung im Vordergrund. Polizei und Justiz arbeiten täterorientiert.

In dieselbe Richtung geht normalerweise auch die Reaktion und die Sorge der Öffentlichkeit. Hier dominieren Ängste, ein nicht gefasster Täter könne mit seinen Verbrechen weitermachen, er bleibe eine Bedrohung für die Allgemeinheit. Erleichterung herrscht erst, wenn die Erfolgsmeldung bezüglich der Ermittlung des Täters bekannt gegeben wird.

Die Opfer von sexueller Gewalt werden manchmal sehr allein gelassen. Ihre Sorgen, Ängste und Nöte müssen sie mit sich selbst ausmachen. Sie sind traumatisiert, oft ein Leben lang. Wenn der Täter nach einigen Jahren, so ist das übliche Strafmaß bei Vergewaltigung, wieder entlassen wird, leidet das Opfer noch immer unter der Tat. Es können gravierende Probleme im privaten, im gesellschaftlichen und öffentlichen Bereich entstehen. Das Opfer ist in seiner eigenen Sexualität womöglich gestört und ohne Selbstvertrauen. Unbefangenheit ist möglicherweise verloren gegangen. Die Partnerbeziehung ist belastet.

In vielen Fällen fühlt es sich darüber hinaus beschmutzt und erniedrigt. Im schlimmsten Fall reagiert der eigene Freund, der Bekanntenkreis und die Familie ähnlich. Man diskutiert und spekuliert, oft hinter dem Rücken des Opfers, über die Vergewaltigung und deren Hintergründe.

Eine vergewaltigte Person bleibt unterschiedlich lange, nicht selten für immer, ein Opfer. Dies ist eine besondere Form der posttraumatischen Belastungsstörung, die gerade bei sexueller Gewalt sehr stark ausgeprägt sein kann. Man spricht dann von einem komplexen oder komplizierten Posttraumatischen Belastungssyndrom. Sexualtherapeutisch ist die Behandlung schwierig und langwierig.

Hinzu kommt das Problem der sogenannten sekundären Viktimisierung. Das Opfer einer Sexualstraftat wird geradezu gezwungen, das Erlebte mehrfach in sämtlichen Details zu rekapitulieren. Wenn das Opfer die Vergewaltigung öffentlich gemacht hat, indem es eine Anzeige erstattet, erfolgt eine bis ins letzte Detail gehende Vernehmung. Das ist unvermeidlich, weil auf der anderen Seite eine Strafverfolgung des Täters mit konkreter Vorwurfslage abzulaufen hat. Die Polizei muss alles sehr genau erfragen, um es dem Täter dann vorhalten und um die Spuren- und Beweislage lückenlos aufarbeiten zu können. Dazu gehört auch die detaillierte professionelle und medizinische Untersuchung des Opfers, in Verbindung mit einer exakten Dokumentation und Spurensicherung.

Im Hinblick auf die ärztliche Beratung insbesondere bei sexueller Gewalt ist es wichtig, das Opfer bezüglich möglicher Infektionsgefahren zu beraten und diese Gefahren – soweit möglich – zu minimieren.

Leider gehören gerade kriminelle Angreifer nicht selten zu gewissen Risikogruppen, die Infektionsgefahren verbreiten, jedenfalls dann, wenn es beim Opfer zu offenen Verletzungen kommt, in die Körpersekrete des Täters gelangen.

Insbesondere geht es um eine HIV-Prophylaxe, falls der Täter selbst HIV positiv ist. Eine solche Prophylaxe muss möglichst rasch begonnen werden. Weitere Vorsorgemaßnahmen müssen erwogen werden. Der sichere Impfschutz gegen Hepatitis B ist zu überprüfen. Bei sexuellen Gewalthandlungen mit Penetration und Samenerguss muss die Möglichkeit einer eventuellen Schwangerschaft berücksichtigt werden. Dementsprechend wäre die „Pille danach“ einzunehmen. Dies hat innerhalb von wenigen Tagen zu geschehen.

Im weiteren Verlauf eines Ermittlungs- beziehungsweise Strafverfahrens hat das Opfer unter Umständen einen langen Weg mit zahlreichen Hindernissen vor sich, bei dem immer wieder Details zu den traumatischen Erlebnissen in den Mittelpunkt gerückt werden. In extremer Form ist dies noch einmal während der Gerichtsverhandlung der Fall, wenn Gericht, Staatsanwaltschaft und Verteidigung das Opfer in allen Einzelheiten befragen, während der Täter als Angeklagter daneben sitzt, sodass die Zeugin ihm und seinen Blicken nicht ausweichen kann.

Bildlich gesprochen wird das Opfer noch einmal entblößt, ohne Möglichkeit, sich dagegen zu wehren, weil sie ja als Zeugin die Wahrheit sagen muss. In Einzelfällen besteht allerdings die Möglichkeit, ein Opfer als Zeugin zu hören und den Angeklagten für die Dauer der Vernehmung von der Verhandlung auszuschließen.

Bei kindlichen Opfern wird von den Gerichten häufig ein anderer Weg gegangen. Nach Möglichkeit soll eine wiederholte Vernehmung des Kindes vermieden werden, um eine zusätzliche Traumatisierung zu verhindern. Schon die erste polizeiliche Vernehmung, die durch besonders geschulte Ermittler vorgenommen wird, wird auf Video aufgezeichnet. Falls es für die Beweisaufnahme erforderlich ist, wird im Prozess diese Vernehmung gezeigt. Der vernehmende Beamte, in der Regel handelt es sich um eine Beamtin, wird als Zeuge gehört. In nicht wenigen Fällen entschließt sich ein Angeklagter zu einem Geständnis, wenn er die überzeugende Tatschilderung des kindlichen Zeugen im Video sieht.

Kann dadurch einem Opfer eine Aussage im Prozess erspart werden, wird dies bei der Strafzumessung positiv berücksichtigt. Nur wenn die Beweismittel der Videovernehmung nicht ausreichen und es gar nicht anders geht, wird ein Kind im Gerichtssaal erneut vernommen.

ANGEMACHT UND AUSGERASTET

Das Werk ist vollbracht. Der Leichnam ist zerstückelt, die Körperteile sind verstaut und liegen zum Abtransport bereit. Doch etwas gilt es noch zu erledigen. Etwas Wichtiges. Manuela M., die Frau, die den verhassten Vater ihres Verlobten umgebracht und gerade seinen Körper in einige grobe Teile zerlegt hat, greift nun noch ein letztes Mal zum Messer: Sie trennt dem Toten den Penis ab. Der Lebensgefährte der 46-Jährigen hat die Frau zu diesem finalen Schritt ermutigt. Er meint, es sei ein Akt der Befreiung und der Rache. Das würde ihr sicherlich „guttun".

Als Manuela M. später wegen dieses Verbrechens der Prozess gemacht wird, als das Gericht darüber entscheiden muss, welche Strafe für ein solches Tötungsdelikt und die anschließende Zerstückelung angemessen ist, sagt der Vorsitzende Richter: „Wie viele andere haben auch wir Richter uns gefragt, wie ein Mensch imstande sein kann, einen anderen regelrecht zu schlachten." Der Vorsitzende spricht von einem „unfassbaren Verhalten".

Unfassbar – aber gleichwohl real. Eine fatale Mischung aus Hass, jahrelang erlebten Demütigungen, sexuellen Übergriffen und zugleich auch Abgestumpftheit haben schließlich dazu geführt, dass Manuela M. einen 85 Jahre alten Mann töten und den Leichnam zerteilen konnte. Die entsetzlichen Ereignisse, die sich am 9. und 10. September 2012 in einer Wohnung im Hamburger Nordosten abgespielt haben, sind die grausame Zuspitzung in einem Leben, das für Manuela M. trostlos begonnen, sich wenig erfreulich fortgesetzt und für sie nicht viele Chancen bereit gehalten hat. Es wäre falsch zu sagen, dass es letztlich zu einer Horrortat habe kommen müssen. Doch die Grundlagen für einen Weg, der dem Abgrund langsam, aber stetig entgegensteuert, sind gelegt und schwer zu umgehen. Statt Liebe und Geborgenheit erlebt sie als kleines Kind Ablehnung und Missbrauch. Wie sie mit Konflikten umgehen oder wie sie Beziehungen festigen kann, hat sie nie gelernt. Und schon früh wird der Alkohol ihr treuester Begleiter. An ihm hält sie sich fest, bis zum bitteren Ende.

Ihren Vater hat die Hamburgerin nie kennengelernt. Und für ihre Mutter ist der Alkohol um vieles wichtiger als das Wohl ihrer Tochter. Sie nimmt Manuela, als diese noch im Kindergarten- und im Grundschulalter ist, in Kneipen mit. Dort dürfen Männer dem kleinen Mädchen gegen Zahlung von Geld oder für Schnaps und Bier unter den Rock fassen. Von der eigenen Mutter wahllos an Fremde verkauft: So erlebt das Kind schon früh Demütigungen und ein Gefühl von Wertlosigkeit. Wie muss es sich anfühlen, wenn die eigene Mutter sie hergibt im Tausch für einen Drink? Als Manuela elf

Jahre alt wird, fängt sie an, gegen den Missbrauch zu rebellieren. Aus Sicht der Mutter ist das Mädchen damit unnütz und lästig geworden. Sie schiebt ihre Tochter in ein Heim ab. Ein Kompass, der zu einem stabilen Werdegang führen könnte, fehlt.

Und die sexuellen Übergriffe gegen Manuela hören nicht auf. Im Gegenteil, sie werden schlimmer. Nach einer Vergewaltigung wird die Jugendliche schwanger, da ist sie gerade vierzehn Jahre alt. Das Kind will sie nicht, sie lässt es abtreiben. Sex ist für Manuela M. in erster Linie verbunden mit Ekel und Gewalt.

Nach mehreren Höhen und Tiefen in der Schule gelingt es der Hamburgerin, ihren Realschulabschluss zu erlangen. Nebenbei treibt sie intensiv Kampfsport. Vor allem beim Judo erzielt sie in Wettkämpfen Erfolge. Manuela M. heiratet, doch die Beziehung scheitert. Auch eine zweite Ehe wird geschieden. Einen Sohn, den sie während dieser Verbindung geboren hat, gibt sie zu Pflegeeltern und nimmt nie wieder Kontakt zu dem Jungen auf. Ein Kind großziehen nach den traumatischen Erfahrungen, die sich ihr selbst aus frühester Jugend eingebrannt haben? Das würde ihre Kräfte übersteigen, glaubt Manuela M.

Als junge Erwachsene ist sie massiv straffällig geworden. Hintergrund ist eine für die damals 20-Jährige unerträgliche Wohnsituation. Weil sie kein Geld für eine eigene Wohnung hat, ist sie mit ihrem damaligen Freund bei ihrer Mutter und deren Ehemann untergekommen. Doch das Leben der älteren Eheleute ist geprägt von Alkoholexzessen und körperlichen Auseinandersetzungen. Und noch eine weitere Erfahrung belastet das Verhältnis zwischen den beiden Paaren erheblich: Als Manuela M. sechzehn Jahre alt war, hat ihr Stiefvater ihr auf ekelerregende Weise ein sexuelles „Angebot" gemacht. Das hat sie nicht vergessen. Wieder einmal ist Sex für sie verbunden mit Widerwillen und Ablehnung. Sie will nun raus aus dieser verhassten Wohngemeinschaft, egal wie.

Nach einiger Überlegung steht fest, dass das „Wie" durch einen Banküberfall möglich werden soll. So will das junge Pärchen Geld zusammenbekommen, um ins Ausland zu gehen. Von dem Stiefvater werden sie nicht nur zu diesem Verbrechen ermutigt; der ältere Mann stellt ihnen noch zwei Gaspistolen aus seinem umfangreichen Waffenarsenal zur Verfügung. Sie beschaffen sich ein Motorrad als Fluchtfahrzeug und Gesichtsmasken. Maskiert und bewaffnet überfallen sie am 11. August 1986 eine Bank im Hamburger Westen, bedrohen eine Kassiererin und Kunden mit ihren Gas- und Schreckschusspistolen und erbeuten 12 800 Mark. Trotz einer zunächst gelungenen Flucht werden sie schnell ermittelt. Für dieses Verbrechen erhält die damals 20-Jährige eine Jugendstrafe mit Bewährung.

Danach bleibt Manuela M. für viele Jahre straffrei und verdient ihren Lebensunterhalt als Bauarbeiterin. Alkohol und zunehmend auch Drogen konsumiert sie während dieser Zeit reichlich. In einer Therapieeinrichtung, wo sie vom Rauschgift, aber nicht vom Alkohol loskommt, lernt Manuela M. im Jahr 2000 einen Mann kennen, der schwer alkohol- und drogenabhängig ist. Ralf R. und Manuela M. verlieben sich ineinander, brechen ihre Therapien ab und beziehen eine gemeinsame Wohnung. Elf Jahre später wird ihnen ihr Mietverhältnis gekündigt.

Um ein Dach über dem Kopf zu haben, zieht das Paar nun zu den Eltern von Ralf R. Seine Mutter, der das Haus gehört, hat gegen die neuen Mitbewohner keine Vorbehalte, doch der Vater befürchtet Probleme mit den beiden schwer abhängigen Menschen. Manuela M. konsumiert nach wie vor große Mengen Alkohol, ihr Lebensgefährte trinkt ebenfalls erheblich und nimmt weiterhin harte Drogen. Außerdem bringen die jüngeren Leute einen Hund mit in den Haushalt, den Karl R., der Vater, nicht leiden kann. Konflikte sind programmiert. Dass am Ende aber einer sterben würde und einer im Gefängnis landet, damit hat wohl niemand gerechnet.

Vor allem zwischen Manuela M. und dem Vater ihres Verlobten kommt es zunehmend zu Spannungen. Der 85-Jährige schimpft pausenlos über seine Schwiegertochter in spe und lässt keinen Zweifel daran, dass er sie für unbeholfen und nervig hält. Neben einer Reihe von Eigenarten hat der Senior eine Gewohnheit, die Manuela M. besonders heftig stört: Er läuft immer wieder gern ohne Hose im Haus herum. Vielleicht hätte sie gegenüber diesem Verhalten gelassener sein können, wenn sie in früher Jugend nicht so viele Missbrauchserfahrungen gemacht hätte. So aber ist der schamfrei entblößte Unterleib des alten Mannes für sie eine kaum zu ertragende Provokation.

Gegenseitige abgrundtiefe Abneigung, immer wieder Streit und Herablassungen: Da braucht es nur einen Funken, um den massiven Groll in Manuela M. zur Explosion zu bringen. Am 9. September 2012 ist es so weit.

Ihr Freund ist schon seit Wochen wegen einer Drogentherapie außer Haus, und die Ehefrau von Karl R. macht seit Längerem Urlaub auf Mallorca. Manuela ist mit dem Stiefvater also allein. Nun macht sich der 85-Jährige darüber lustig, wie Manuela M. sich beim Ausräumen der Geschirrspülmaschine schwertut. Was genau geschieht, schildert die 46-Jährige später als Angeklagte vor Gericht so: Der ehemalige Busfahrer habe „ständig an mir herum gemotzt. An dem Tattag habe ich in der Küche an der Spülmaschine gearbeitet. Er kam herein und meckerte: ‚Es gibt Frauen, die sind zu blöd, eine Spülmaschine aufzufüllen.' Das konnte ich noch ertragen. Meckern war bei ihm an der Tagesordnung. Aber dann versetzte er meinem Rauhaardackel Pluto einen Tritt, und schließlich schubste er mich gegen den Küchentisch."

Als der Senior nun die Treppe ins Obergeschoss hochgehen möchte, verfolgt ihn die drahtige Frau wutentbrannt und laut schimpfend. Er versucht, den Angriff abzuwehren, ist dafür aber nicht kräftig genug. Die ehemalige Kampfsportlerin wendet bei ihm einen Judogriff an, der als Kreuzwürger bekannt ist. Sie packt am Hals des Mannes, der sich mittlerweile zu ihr umgedreht hat, mit beiden Händen überkreuz den Hemdkragen und zieht den Stoff kraftvoll zusammen. Dadurch wird die Blutzufuhr an den Halsschlagadern blockiert. Sie lockert erst dann ihren Griff, als sie realisiert, dass der Körper des 85-Jährigen ganz schlaff geworden ist. „Nach ein bis zwei Sekunden lief er blau an und brach zusammen. Da wusste ich, jetzt war etwas Schreckliches passiert." Außerdem ist seine rechte Gesichtshälfte blau angelaufen, Blut rinnt ihm aus dem rechten Ohr. Der Mann ist tot. Dabei habe sie ihm nur „einen Denkzettel verpassen“ wollen, beteuert die 46-Jährige im Prozess. Sie habe den alten Herrn wirklich nicht umbringen wollen.

Sie fürchtet sich vor einer Anklage wegen der Tötung des Seniors und beschließt, seine Leiche verschwinden zu lassen. Zunächst zerrt sie den schlaffen Körper des Toten in die Garage und reinigt den Treppenbereich von den Blutspuren. Dann alarmiert sie ihren Verlobten. Das Telefonat, in dem sie Ralf R. vom Tod seines Vaters berichtet, rekapituliert Manuela M. später im Prozess so: „Du, Ralf, es ist etwas Schlimmes passiert. Dein Vater ist tot.“ Ralf: „Was soll daran schlimm sein?“ Manuela: „Ich habe Scheiße gebaut. Ich habe ihn gewürgt!“ Der Freund reagiert gelassen und „effizient“. Er empfiehlt seiner Freundin, ein Chlorbleichmittel zum Säubern sowie Frischhaltefolie zu besorgen. Darin soll sie den Leichnam einwickeln. Außerdem verspricht Manuela M.s Freund, ihr sehr schnell tatkräftig beizustehen. Er bricht umgehend seine Drogentherapie auf Fehmarn ab und eilt nach Hause.

Nun beschließt das Paar, den toten Körper zu zerteilen und zu entsorgen. Sie wollen ihn in einem nahe gelegenen Naturschutzgebiet vergraben. Die Hauptarbeit beim Sägen, das im Erdgeschosszimmer des Paares vonstatten geht, übernimmt Manuela M. „Wir haben gleich mit der Zerteilung losgelegt“, erzählt die 46-Jährige im Prozess. Ihr Freund habe dabeigesessen „und gab mir Anweisungen. Er hatte früher bei den Skinheads gelernt, wie man Leichen entsorgt. Nach seinen

Anweisungen entfernte ich den Kopf, die Arme und die Beine von dem Körper." Sie benutzt dafür eine Knochensäge und zusätzlich ein scharfes Küchenmesser. „Schließlich sollte ich auch noch das Gemächt abtrennen." Ihr Freund habe gemeint, das würde Balsam für ihre Seele sein. Tatsächlich macht sie den finalen Schnitt. Ihr erscheint die Entmannung des Toten als angemessene, postmortale Strafe für seine Unart, im Haus ohne Hose herumzulaufen. Dann reinigt sie die Körperteile mit dem Chlorbleichmittel. Beim anschließenden Verpacken der Stücke hilft Ralf R. mit.

Das Aufräumen und Säubern des blutbesudelten Zimmers nimmt viel länger in Anspruch als das Zerteilen der Leiche. Unter anderem verstopfen kleinere Sehnenteile den Ausguss, und das Schrubben des Fußbodens erweist sich als mühselig. Nun transportiert das Duo den Torso mit einer Sackkarre zum Naturschutzgebiet in der Nähe und verscharrt ihn. Dann wollen sie sich um die Beseitigung der anderen Körperteile kümmern. Sie gehen in ihre Wohnung zurück und räumen Kopf, Arme und Beine des Toten in einen Rollkoffer. Ihr Plan, sofort ein zweites Mal loszuziehen, scheitert, weil das Paar von der Arbeit zu erschöpft ist. Außerdem ist überraschend ein Kumpel von Ralf R. zu Besuch gekommen, den sie schwerlich bitten können, beim Entsorgen mit anzupacken ... Das erledigt das Duo am Folgetag.

„Ich wünschte, ich hätte die Kraft gehabt, mich den Anweisungen von Ralf zu widersetzen", sagt Manuela M. später im Prozess. Immer wieder, während sie das Zerstückeln schildert, bricht die 46-Jährige in Tränen aus.

Ihr selber und ihrem Freund hat der verstorbene Karl R. in den nächsten Wochen nicht gefehlt. Doch es gibt andere, die den alten Mann vermissen. Wenige Tage nach dem Verschwinden des pensionierten Busfahrers geht bei der Polizei eine Vermisstenanzeige ein. Tochter Birgit und der Schwiegersohn von Karl R. berichten den Beamten, dass sie von „ihrem alten Herrn“ seit mehreren Tagen kein Lebenszeichen erhalten hätten.

Die Polizei ermittelt im Umfeld des Toten. Sie findet unter anderem im Haus eine Art Tagebuch, in dem er präzise alle Erledigungen und seine Ausgaben aufgelistet hat. Die Eintragungen enden am 9. September. Manuela M. gerät ins Visier der Ermittlungen, ihr katastrophal schlechtes Verhältnis zum Vater ihres Lebensgefährten ist schließlich kein Geheimnis. Ihrer Behauptung, Karl R. habe sich freiwillig abgesetzt, schenkt die Polizei keinen Glauben – auch weil von dem 85-Jährigen sein künstliches Gebiss entdeckt wird. Zahnlos wäre der Mann wohl kaum abgereist.

Drei Wochen später, am 7. Oktober, findet ein Hobbyfotograf, der Tiere und Pflanzen fotografiert, einen abgetrennten Arm im wenige hundert Meter entfernten Naturschutzgebiet. Möglicherweise haben Tiere das Körperteil ausgebuddelt. Der Fotograf alarmiert die Polizei, auch die Rechtsmedizin wird eingeschaltet. Die diensthabende Ärztin unterstützt die weiteren Suchmaßnahmen. Wenig später wird unweit der Fundstelle des Arms ein aufgekratztes Erdloch entdeckt. Darin befinden sich weitere Leichenteile, die offenbar von Tieren aus der ursprünglichen Grube verschleppt worden waren. Mithilfe von Spürhunden werden die letzten fehlenden Stücke gesichert, auch der Penis. Außerdem werden Kleidungsstücke sowie das in der Gegend abgelegte Fahrrad des Opfers geborgen.

Nachts um 23 Uhr beginnt im Institut für Rechtsmedizin die Sektion, die bis zum nächsten Morgen dauert. Am Anfang erfolgt, wie stets in derartigen Fällen, eine Computertomografie. Danach ist klar, dass alle Teile zusammenpassen und zu einem einzigen Leichnam gehören, der zersägt wurde. Die nachfolgenden Sektionsmaßnahmen sind durch stärkergradige Fäulnisveränderungen und auch durch Tierfraß erschwert. Mikroskopische Untersuchungen sowie spezielle knochenpathologische Untersuchungen, bei denen eine Kehlkopffraktur nachgewiesen wird, führen zur Diagnose eines Strangulationsmechanismus. Außerdem werden Stauungsblutungen im Kopfbereich festgestellt.

Es gab auch eine entomologische Begutachtung. Sämtliche Fliegeneier, die an den aufgefundenen Leichenteilen asserviert wurden, waren der Schmeißfliegenart *Calliphora vicina* zuzuordnen. Unter Berücksichtigung der Jahreszeit, der Umgebungstemperaturen und der Entwicklung dieser Fliegenart kann die Leichenliegezeit nahe zu dem Tag des Verschwindens des Mannes datiert werden. Die endgültige Identifizierung erfolgt durch spezielle forensisch-odontologische Untersuchungen mit Erhebung des Zahnstatus und des Gebissbefunds.

Im Prozess um den Tod von Karl R. wird der Angeklagten zunächst Mord vorgeworfen. Beim Angriff auf der Treppe von hinten sei das Opfer arg- und wehrlos gewesen. Bei einer Verurteilung würde ihr eine lebenslange Freiheitsstrafe drohen. Die weiteren Vorwürfe der Staatsanwaltschaft gegen die 46-Jährige, nämlich Störung der Totenruhe und Verstoß gegen das Betäubungsmittelgesetz, fallen da kaum ins Gewicht; in ihrer Küche hat die Hamburgerin neunzehn Einmachgläser mit Cannabis gehortet.

Für den Vorsitzenden Richter, bei dessen Kammer schließlich der Fall landet, ist Manuela M. keine Unbekannte. Er hatte viele Jahre zuvor die damals 20-Jährige wegen des Banküberfalls aus dem Jahr 1986 verurteilt. Damals hatte er auf eine Jugendstrafe mit Bewährung erkannt – Bewährung deshalb, weil er gehofft hatte, dass die junge Frau durch ihren intensiv betriebene Sport Selbstvertrauen erlangen und den Sprung in eine bessere Welt finden würde. Dieses Vertrauen in eine positive Entwicklung hat Manuela M. nicht rechtfertigen können.

Die Darstellung der Angeklagten, sie habe Karl R. lediglich ein bis zwei Sekunden gewürgt, passt nicht zu den rechtsmedizinischen Erkenntnissen, die die Experten im Prozess darlegen. Rechtsmediziner haben alle Leichenteile exakt untersucht, vor allem auch den Kopf. Dabei haben sie unter anderem Stauungsblutungen aus dem Ohr festgestellt. Diese deuten darauf hin, dass es zu ausgedehnten Erstickungsblutungen gekommen ist, die nur dann entstehen, wenn auf den Hals des Opfers mindestens fünfzehn Sekunden komprimierend eingewirkt wird. Durch das Zudrücken der Venen wird der Blutrückfluss verhindert, der Tod tritt ein.

Dieses doch deutlich länger anhaltende Würgen ist ein wesentliches Argument dafür, dass die Staatsanwältin der Angeklagten nicht abnimmt, dass die Tötung von Karl R. unbeabsichtigt und ein Unfall gewesen sei. Sie beantragt eine zehnjährige Freiheitsstrafe für Manuela M., allerdings nicht mehr wegen Mordes, sondern wegen Totschlags. Die Absicht, heimtückisch zu morden, sei der Angeklagten nicht mit der hinreichenden Sicherheit nachzuweisen, so die Staatsanwältin; womöglich sei Karl R. doch nicht arglos gewesen. In der geforderten Gesamtstrafe sind die Delikte „Störung der Totenruhe“ – wegen der Zerstückelung sowie der Abtrennung der Genitalien – und Verstoß gegen das Rauschmittelgesetz inbegriffen.

In ihrem „letzten Wort“ sagt die Angeklagte unter Tränen, sie hoffe, die Angehörigen des Opfers könnten ihr eines Tages vergeben. Ihr Lebensgefährte Ralf K. scheint damit kein Problem zu haben. Als er im Prozess als Zeuge gehört werden soll, schweigt er. Als Verlobter der Angeklagten hat er das Recht dazu, er muss seine Freundin nicht belasten.

Schließlich erkennt das Gericht auf eine Freiheitsstrafe von neuneinhalb Jahren für Manuela M. und bleibt damit nur wenig unter dem Antrag der Staatsanwaltschaft. Das Gericht sieht es als erwiesen an, dass die 46-Jährige den Vater ihres Freundes zumindest mit bedingtem Vorsatz getötet hat. „Nie hätte ich vermutet, dass Sie Ihre Judokenntnisse dazu missbrauchen würden, einen alten Mann zu töten“, sagt der Richter in der Urteilsbegründung. Das Verhalten der Angeklagten sei vorsätzlich gewesen. „Den Tod haben Sie billigend in

Kauf genommen." Die anschließende Zerstückelung des Leichnams sei vor allem damit zu erklären, dass Manuela M. ihren Schwiegervater „abgrundtief gehasst" haben müsse. „Besonders die Abtrennung des Genitals ist eine herabwürdigende Handlung." Zum Hass auf das Opfer müsse aber auch eine alkoholbedingte Enthemmung bei der Angeklagten hinzugekommen sein. Jahrelanger massiver Konsum von Alkohol und auch Drogen habe dazu beigetragen, dass es „keinerlei Hemmungen und moralische Schranken" mehr gegeben habe, betont der Richter. „Das Tatmotiv der Angeklagten war die Wut über das Verhalten ihr gegenüber." Mit seinen Sprüchen habe das spätere Opfer sie gedemütigt, aber „mit dem ersten körperlichen Angriff lief sozusagen das Fass über".

Manuela M. hat das Ende ihrer Gefängnisstrafe nicht mehr erlebt. Etwa drei Jahre, nachdem sie ihre Haftzeit angetreten hat, erkrankt die mittlerweile 49-Jährige schwer und verstirbt trotz intensivmedizinischer Behandlung.

Es ist insgesamt eine sehr spezielle und sehr düstere, bedrückende „Karriere" als Verbrecherin. Selbst Opfer von Kindesmisshandlung, Vernachlässigung und sexuellem Missbrauch, dann alkohol- und drogenabhängig, kriminell als Bankräuberin und schließlich erneut persönlich erniedrigt und ohne Anerkennung: alles kulminierend in einer brutalen Tötung und Leichenzerstückelung. Schließlich stirbt sie an den Folgen des jahrzehntelangen Raubbaus an ihrem Körper einsam im Knast. Eine Bilderbuchkarriere, im negativen Sinn.

Auch ihr Lebensgefährte Ralf R. hat nach dem Urteil gegen seine Freundin nicht mehr lange zu leben. Er stirbt im November 2013 an einer Überdosis Drogen. Ist es eine versehentliche Überdosierung gewesen? Ist er seines Lebens überdrüssig gewesen und hat nachgeholfen? Der eigene Vater, sein Körper zerteilt im Zimmer – solche Schlachthausbilder im Kopf sind ganz sicher quälend. Vielleicht auch irgendwann unerträglich.

Gewalt – so vielfältig wie die Täter Untersuchung in Sektionssaal und Opferambulanz

Im Bereich von Tötungsdelikten besteht eine enge und intensive Kooperation zwischen Kriminalpolizei beziehungsweise Mordkommission und Rechtsmedizin. Sie beginnt schon am Geschehensort, da Rechtsmediziner hier regelhaft hinzugezogen werden (insbesondere zur Todeszeitschätzung, zur Interpretation der biologischen Spurenbilder, unter anderem von Blutspuren, und zur ersten Rekonstruktion des Geschehensablaufs). Bei der Sektion sind andererseits die Kriminalbeamten im Sektionssaal zugegen, um am Leichnam spezielle Spurensicherungsarbeiten durchführen und die relevanten Verletzungsbefunde aufnehmen zu können, um sie etwa bei Vernehmungen den Tatverdächtigen und Zeugen vorzuhalten. Schließlich begegnen sich Polizei und Rechtsmedizin erneut im Gerichtssaal als Zeugen und Sachverständige.

Starke Neuimpulse erhielt die Kooperation durch die Einführung der Operativen Fallanalyse in Deutschland, bei der heutzutage Kriminalpolizei, Psychologen und Rechtsmediziner in intensiver Diskussion miteinander eine Interpretation unter anderem von Tatort, Tatablauf und Motivation des Täters anstreben.

Charakteristische Aspekte hinsichtlich der Tätermotivation bieten sich im Bereich der postmortalen Leichenzerstückelung und -verstümmelung. Man unterscheidet zwischen offensiver und defensiver Leichenzerstückelung. Davon abgegrenzt sind Formen der natürlichen (zum Beispiel durch Fäulnis) und der zufälligen Leichenzerstückelung (mechanische Einwirkung, wie etwa durch Schiffsschrauben, Bahnüberfahrungen, Tierfraß). Die defensive Leichenzerstückelung dient der Beseitigung eines Leichnams, der Vermeidung von Tatspuren und der Unkenntlichmachung des Opfers. Sie ist funktional, gleichsam eine „erfolgreiche" Vollendung einer Tat. Hier findet man in der Regel die Abtrennung von Extremitäten sowie den Versuch, die Leichenteile zu verstecken, zum Beispiel durch Vergraben im Wald oder Versenken im Wasser. Die offensive Zerstückelung hingegen weist auf einen persönlichen Aspekt des Täters hin, beispielsweise sexuelle Bedürfnisse, überschießende Affekte, Rache, Handlungen im Rahmen von psychotischen Störungen. Bezüglich der feststellbaren Verletzungen gilt hier: Nichts ist unmöglich!

Ähnlich wie bei toten Opfern werden die Rechtsmediziner auch in zahlreichen anderen Gebieten tätig, etwa bei der Untersuchung von überlebenden Opfern von Gewaltverbrechen sowie bei der Untersuchung von Tatverdächtigen. Es geht um die Asservierung von Spuren, Beurteilung von Verletzungen bei Lebenden, Beurteilungen von Intoxikation, Alkohologie, Drogeneinfluss, gerichtsmedizinischer Spurenkunde, DNA-Technologie und auch um forensisch-psychopathologische Fragestellungen.

Bei den Arten der Gewalteinwirkung in der forensischen Traumatologie unterscheidet man zwischen stumpfer, halbscharfer und scharfer Gewalt. Eine Sonderform der stumpfen Gewalt sind Schussverletzungen. Zur stumpfen Gewalteinwirkung gehört auch die Strangulation. Verletzungen können außerdem durch Hitze- und Kälteeinwirkung, durch elektrische Energie sowie etwa durch Einwirkung von Chemikalien entstehen.

Der Tod durch Strangulation hat eine besondere Bedeutung bei sexuell motivierten Tötungsdelikten. Bei einer Auswertung von 129 Fällen aus dem eigenen Untersuchungsgut wurde in etwa 70 Prozent der Fälle Strangulation alleinig oder in Kombination mit anderen Formen der Gewalteinwirkung als Todesursache festgestellt.

Die Zuordnung von Bissverletzungen ist nicht einheitlich. Sie lassen sich je nach Ausdehnung der Verletzung entweder der stumpfen oder der halbscharfen Gewalteinwirkung zuordnen. Bissverletzungen sind kriminalistisch von besonderer Bedeutung. Kein Gebiss gleicht dem anderen – Zahnstellung, Abstand, Zahnrelief, Überkronungen, Füllungen sind individuell verschieden. Anhand von Zahnabdrücken kann die Identifikation des Täters erfolgen. Viel bedeutsamer ist heutzutage allerdings der DNA-Nachweis aus Speichelrückständen. Bissverletzungen finden sich am häufigsten bei Sexualdelikten sowie bei Kindesmisshandlungen.

Je nach Ausmaß und Lokalisation können alle genannten Formen der Gewalteinwirkung zum Tode führen. Die Dimension der Gewalteinwirkung ist von besonderem Interesse für die Fallanalyse, denn sie sagt etwas über den emotionalen Zustand des Täters zur Tatzeit sowie möglicherweise über dessen Beziehung zum Opfer sowie über seine Motivation aus. Hat der Täter „nur" das zur Tötung erforderliche Maß an Gewalt angewendet? Oder können Verletzungen festgestellt werden, deren Ausmaß weit darüber hinaus geht? Bei solchen Arten von überschießender Gewaltanwendung spricht man von „overkill" oder „übertöten". Hier kommt es zu einer ungebremsten Entladung von Emotionen wie Hass, Wut, Drang nach Vergeltung und Aggressionen. Formen der Übertötung kommen eher bei persönlichen und sexuell motivierten Tötungsdelikten als etwa bei Tötungsdelikten zur Bereicherung vor. Dass im Rahmen von sexuell motivierten Tötungsdelikten Formen der Übertötung besonders oft vorkommen, belegte beispielsweise ein Fall, bei dem 123 Stichverletzungen festgestellt wurden, zum Teil mit bevorzugter Lokalisation im Genitalbereich.

Die Befunde bei den seltenen sogenannten autoerotischen Unfällen lassen gelegentlich ein Sexualdelikt vermuten. Beabsichtigt wird bei derartigen Sexualpraktiken, mittels eines künstlich erzeugten Sauerstoffmangels eine zusätzliche sexuelle Stimulation zu erreichen.

Dazu werden seltsam anmutende Konstruktionen benutzt, welche die Sauerstoffzufuhr dosiert drosseln sollen. Kommt es durch eine eintretende Bewusstlosigkeit zum Kontrollverlust, versagen häufig die zusätzlich eingebauten Sicherheitsmechanismen, was leicht zu einem tödlichen Ausgang führen kann. Die zumeist männlichen Verunglückten werden oftmals unbekleidet oder in Dessous aufgefunden. Am Körper finden sich aufwendige Fesselungen, die den Hals und andere Körperteile mit einbeziehen; des Weiteren finden sich am Fundort häufig pornographische Schriften sowie Pornoartikel.

Die Bedeutung genitaler Verletzungen bezüglich des Nachweises eines Sexualdelikts wird überschätzt. Wesentlich häufiger kommt es zu extragenitalen Verletzungen, welche hinsichtlich der erfolgten Gewalteinwirkung um ein Vielfaches aussagekräftiger sind. Andererseits ist jedoch zu beachten, dass ein negativer Untersuchungsbefund keinesfalls gegen eine erfolgte sexuelle Gewalt spricht, wenn das Opfer beispielsweise stark eingeschüchtert oder durch Gewalt oder Schusswaffen so bedroht wurde, dass es sich gar nicht wehrte und auch nicht zu fliehen versuchte.

Von den tatsächlichen Vergewaltigungsdelikten abzugrenzen sind Selbstbeschädigungen zur Vortäuschung einer Straftat. Bei selbst beigebrachten Verletzungen finden sich charakteristische Lokalisationen und Muster. Eine typische Lokalisation sind leicht zugängliche Körperstellen an den Armen, im Gesicht oder am Bauch. Dabei werden schmerzempfindliche Areale wie die Augen, Lippen oder Brustwarzen ausgespart.

Meist handelt es sich um eine Vielzahl oberflächlicher, gleichförmiger Ritz- und Schnittverletzungen, seltener finden sich in die Haut eingeritzte Symbole (z. B. Hakenkreuze).

Folgende Aspekte sprechen für Selbstbeschädigung: multiple oberflächliche Schnitt-/Ritzverletzungen (gleichförmig, parallel, gradlinig); Aussparung schmerzempfindlicher Bereiche (Augen, Mund, Brustwarzen); Verletzungen in Reichweite der Hände; eventuell Seitenbetonung der Arbeitshand gegenüber; Fehlen von Abwehrverletzungen; Vorhandensein von zum Teil spiegelverkehrten Symbolen und Zeichen; Läsionen der Kleidung fehlen beziehungsweise sind inkongruent; es tauchen Widersprüche zwischen Verletzungsmuster, Symptomatik und Ablaufschilderung auf.

IM WEINEN LIEGT NICHT IMMER DIE WAHRHEIT

Es bleibt immer etwas hängen.

Schon vor fast 2000 Jahren hat der griechische Schriftsteller Plutarch festgestellt, dass Verleumdung nicht folgenlos bleibt. Auch wenn sie erkannt und aufgedeckt wird, ist der Makel nicht beseitigt. Plutarch hat die falsche Beschuldigung mit einer Bisswunde verglichen, von der dauerhaft eine Narbe zurückbleibt.

Es bleibt immer etwas hängen.

Als der deutschlandweit bekannte Wetterexperte Jörg Kachelmann im Februar 2010 seine langjährige Geliebte Christine E. in deren Wohnung besucht, ahnt er nicht, dass ihn wenig später viele im Land für einen Vergewaltiger halten werden. Dass er monatelang im Gefängnis schmoren und sein Sexualleben auf allen Medienkanälen diskutiert werden wird. Seinen Freispruch viele Monate später, nach einem Aufsehen erregenden Prozess mit ausführlicher Beweisaufnahme, fällt das zuständige Gericht nach dem Grundsatz „Im Zweifel für den Angeklagten" – und öffnet damit Tür und Tor für Spekulationen, dass ein Straftäter davongekommen sein könnte.

Das spätere Urteil eines anderen Gerichts aber, das zweifelsfrei feststellt, dass der mittlerweile 58-Jährige Opfer einer falschen Beschuldigung wurde – diese finale Entscheidung wird von vielen nur noch am Rande wahrgenommen, von manchen gar nicht mehr. Dabei handelt es sich um einen juristischen Paukenschlag, der nachdenklich machen sollte. Die Richter bescheinigen der Frau, die Kachelmann der Vergewaltigung bezichtigt hat, dass sie mit ihren Vorwürfen „kriminelle Energie" aufgewendet habe. Dies, so die Richter, tat sie, um „seine Verhaftung ... herbeizuführen". Deutlicher kann ein Gericht kaum zum Ausdruck bringen, dass die Vorwürfe, die die Frau erhoben hat, erfunden waren. Und der vermeintliche Täter unschuldig ist.

Doch es bleibt immer etwas hängen.

Vergewaltigung: Für Opfer eines solchen schweren Verbrechens ist oftmals nichts mehr so, wie es vorher war. Ihr Leben ist in ein Vorher und ein Nachher zerrissen, die Welt aus den Angeln gehoben. Die Sicherheit ist hinüber, das Vertrauen in Mitmenschen nachhaltig beschädigt. Manche der Opfer empfinden fortan Nähe als unerträglich, schon eine freundliche Berührung kann als Zumutung wahrgenommen werden, die sie erstarren lässt. Eine Vergewaltigung, das ist ein Trauma, das vielleicht ein ganzes Leben lang schwerste Auswirkungen zeitigt. Kein Täter, der ein solches Verbrechen begeht, sollte ungeschoren davonkommen. Eine Anzeige und eine spätere Verurteilung können nicht nur dem Opfer helfen, sich vielleicht ein Stück seines früheren Lebens wieder zurückzuerobern. Sie können andere Frauen davor schützen, dass dieser Verbrecher sich weitere Opfer suchen kann.

Aber in Einzelfällen können Frauen durch falsche Beschuldigungen einen Mann für immer in Verruf bringen. Es gibt Fälle, in denen eine Frau ein Geschehen schildert und zur Anzeige bringt, das sich so nicht zugetragen hat. Was wirklich war, wissen nur die beiden, um die es geht, der Mann und die Frau. Ob wirklich Zwang und Gewalt im Spiel war, Drohungen, ein brutaler Übergriff? Oder ob es sich um einvernehmlichen Sex handelte? Vielleicht hat sich rein gar nichts abgespielt? Wie soll zuverlässig die Wahrheit ans Licht kommen, wenn Aussage gegen Aussage steht, wenn es keine unabhängigen Zeugenaussagen gibt und keine objektiven Beweise? Und dabei steht so viel auf dem Spiel: die Glaubwürdigkeit, das Renommee, wahrscheinlich sogar die ganze Zukunft des Mannes, der eines gewaltsamen Übergriffs bezichtigt wird. Eine Beschuldigung, ein Prozess und vielleicht mehrere Jahre im Gefängnis können die Folgen sein. Und was, wenn der Mann unschuldig in Haft saß? So kann Sex vonseiten der Frau zum bösartigen „Crime“ genutzt werden.

Der Journalist, Moderator und Wetterexperte Jörg Kachelmann wird zwar letztlich rechtskräftig freigesprochen, doch bis dahin hat er Monate im Untersuchungsgefängnis sitzen müssen und war dabei sicher stets in Sorge, wie das Verfahren ausgehen würde. 132 Tage Untersuchungshaft: Dass so eine Zeit schlimm ist, vermag sich jeder vorzustellen. Eingeschlossen hinter Gittern und verriegelten Türen – ein massiver Eingriff in das Leben. Ein Albtraum.

Publik wurde der Fall Kachelmann mit der Festnahme des populären Wettermannes am Frankfurter Flughafen. Der damals 51-Jährige ist am 20. März 2010 gerade aus Vancouver, wo er bei den Olympischen Winterspielen moderiert hat, nach Deutschland zurückgekommen, als noch am Flughafen die Handschellen klicken. Kachelmanns langjährige Geliebte hat ihn beschuldigt, sie vergewaltigt, ihr dabei ein Messer an den Hals gehalten und mehrere Verletzungen zugefügt zu haben.

Die 36-Jährige berichtet, bei einem Treffen am 8. Februar in ihrer Wohnung habe es zwischen ihr und ihrem Liebhaber Streit gegeben, weil sie ihm Untreue vorgeworfen habe. Es geht um ein Schreiben, das angeblich ein anonymer Absender geschickt hat. Inhalt: „Er schläft mit ihr." Schließlich habe Kachelmann aus ihrer Küche ein Tomatenmesser geholt, es ihr an den Hals gehalten, sie ins Schlafzimmer gedrängt und sie vergewaltigt. Sie präsentiert bei der Polizei einen Slip und ein Kleid, das sie zu dem Zeitpunkt getragen habe. Und sie zeigt ihre Verletzungen: rötliche Schürfungen am Hals, rötliche Kratzer am Oberschenkel, Unterarm und am Bauch sowie etwa handtellergroße, blauviolette Hämatome an den Innenseiten der beiden Oberschenkel, von denen sie behauptet, dass Kachelmann dafür verantwortlich sei.

Ist der Prominente, der als charmanter Frauentyp gilt, in Wahrheit ein brutaler Vergewaltiger? Oder handelt es sich bei der Anzeige von Christine E. um einen Rachefeldzug einer enttäuschten Geliebten, die ihrem Lover den größtmöglichen Schaden zufügen will? Die

Meinungen sind geteilt. Ein Haftprüfungstermin, den Kachelmann vier Tage nach seiner Festnahme hat und bei dem der Richter den Unschuldsbeteuerungen des 51-Jährigen nicht glaubt, wird gleichsam zum Spießrutenlauf. Nach dem Termin muss Kachelmann in einen Gefangenentransporter einsteigen. Der kurze Weg dorthin, auf dem er von Polizisten flankiert wird, gilt später als eins der am besten dokumentierten Ereignisse des Jahres. Etliche Kameras filmen den Wetterfachmann, und die dreizehn Worte, die Kachelmann auf diesem Weg sagt, hören Millionen Menschen in Radio und Fernsehen: „Ich bin unschuldig. Das ist alles, was ich im Moment sagen kann. Danke."

Vier Monate muss Kachelmann im Untersuchungsgefängnis bleiben. Seine Beteuerungen, er habe seinerzeit zwar Sex mit seiner Geliebten gehabt, aber ohne jede Gewaltanwendung seinerseits, werden dem Beschuldigten vom Untersuchungsrichter nicht geglaubt. Erst am 29. Juli 2010 kommt Kachelmann wieder auf freien Fuß, durch Beschluss des Oberlandesgerichts, nachdem eine Bremer Psychologieprofessorin ein Gutachten zur Aussage des mutmaßlichen Opfers erstellt hat. Die Expertise der Professorin ergibt, dass es Mängel bei den Schilderungen der angeblichen Tat gebe; die Darstellungen seien vage und oberflächlich. Ob es sich um wahre Erlebnisse handele oder um Lügen, könne nicht festgestellt werden. Dass ihre Schilderung zumindest eine Lüge beinhaltet, räumt Christine E. später selber ein: Das angeblich anonyme Schreiben mit dem Satz „Er schläft mit ihr" hat sie selber verfasst.

Ihre Botschaft allerdings soll die gleiche bleiben: Kachelmann nehme sich wahllos Geliebte. Weitere Frauen melden sich zu Wort und geben fleißig Interviews. Der Prozess, in dem Kachelmann sich schließlich vom 6. September 2010 an wegen Vergewaltigung in einem besonders schweren Fall sowie gefährlicher Körperverletzung verantworten muss, wird einer der spektakulärsten der Bundesrepublik, von den Medien sowie einem breiten Publikum pausenlos verfolgt. Seine berufliche Existenz ist da schon zerstört. Wer beschäftigt schon einen Mann, der im Verdacht steht, ein Verbrecher zu sein?

Wer sich damit auskennt, wie in vergleichbaren Prozessen die Beweisaufnahme üblicherweise abläuft, wundert sich über das Beweisprogramm der für Kachelmann zuständigen Kammer des Landgerichts. Bevor die vermeintlich Geschädigte vor Gericht aussagt, werden etliche andere Frauen als Zeugen vernommen, ehemalige Geliebte des Moderators. Ungewöhnlich: Erst nach sechs Wochen wird Christine E. als Zeugin gehört, vier Verhandlungstage lang. Ihre Aussage erfolgt unter Ausschluss der Öffentlichkeit.

Zeugen müssen die Wahrheit sagen. So sieht es das Gesetz vor, aus gutem Grund. Nur wenn Zeugen korrekte Angaben machen, kann ein Gericht auch zu einem richtigen Urteil kommen. Jeder Zeuge wird über seine Wahrheitspflicht belehrt. Das gilt auch für mutmaßliche Opfer von Straftaten, beispielsweise für Christine E. Sie bleibt bei ihrer Darstellung: Ihr damaliger Partner habe sie brutal vergewaltigt und dabei auf vielfältige Weise verletzt. Bemerkenswert bei ihrer Aussage ist: Sie erinnert sich an alles Mögliche ganz genau – nur nicht an Details der angeblichen Vergewaltigung selbst. Nach ihrer eigenen Schilderung der Ereignisse am fraglichen Abend hat sie „das Messer am Hals gefühlt“, mit dem Kachelmann sie bedroht habe. Wie die weiteren mutmaßlich von Kachelmann verursachten Hämatome und Ritzer an ihrem Körper entstanden sein sollen, kann sie nicht erklären.

Die Verletzungen, die die 36-Jährige seinerzeit bei der Polizei geltend gemacht hat, sind fotografisch gut dokumentiert. Es gibt flächenhafte unspezifische oberflächliche Hautabschürfungen vorn am Hals, die angeblich von dem Messer stammen sollen, das Kachelmann ihr an den Hals gehalten habe. Außerdem hat Christine E. oberflächliche Ritzverletzungen innen am linken Oberschenkel, am linken Unterarm sowie direkt oberhalb des Bauchnabels senkrecht in der Körpermittellinie. Und schließlich wurden innen an beiden Oberschenkeln oberhalb der Knie geformte Blutunterlaufungen mit buckelförmigen seitlichen Ausläufern festgestellt.

Über diese Verletzungen entbrennt im Lauf des Verfahren das, was einige Medien als „Schlacht der Gutachter“ bezeichnen. Denn Blessuren dieser Art, die auf den ersten Blick typisch für eine Vergewaltigung sein können, können von dem vermeintlichen Opfer sich selbst beigebracht worden sein. Und so will der hiermit als Erster befasste Gutachter der Universität Heidelberg nach mehreren Untersuchungen im Ergebnis weder die Möglichkeit ausschließen, dass die Verletzungen durch eine Vergewaltigung entstanden sein könnten, noch eine Selbstbeibringung. Der Sachverständige erklärt:

„Ich kann weder nachweisen, dass der Angeklagte der Nebenklägerin die Verletzungen beigebracht hat, noch kann ich nachweisen, dass sich die Nebenklägerin die Verletzungen selbst beigebracht hat."

Andere Experten aus Münster, Köln und Hamburg erläutern, beispielsweise die oberflächlichen, scharf abgegrenzten Schürfspuren am Hals von Christine E. seien nicht mit dem geschilderten Tatgeschehen vereinbar. Bei der Dynamik, wie sie demnach stattgefunden haben müsse, könnten wie mit dem Lineal gezeichneten Ritzspuren nicht entstehen. Die Art der Verletzungen an Bauch, Oberschenkel und Arm sprächen dafür, dass sie selbst beigebracht wurden. Laut dieser Gutachter ist es zudem unwahrscheinlich oder sogar ausgeschlossen, dass die Verletzungen am Hals mit einem Messer zugefügt wurden. Es handele sich um oberflächliche Hautabschürfungen, aber keinesfalls um mit einem Messer zugefügte Schnitt- oder Stichverletzungen. Für Selbstverletzung spreche laut dieser Sachverständigen weiterhin, dass Abwehrverletzungen, wie man sie sonst erwarten würde, komplett fehlten und sämtliche Blessuren an leicht für das „Opfer" erreichbaren Stellen lägen.

Darüber hinaus sei die Hautritzverletzung am Bauch bei genauer Betrachtung eindeutig doppelläufig, sozusagen „nachgezeichnet", wie Rechtsmediziner dies zu bezeichnen pflegen. In Bezug auf die Hämatome an den Oberschenkeln meint ein Gutachter sogar, dass Christine E. vor ihrer Anzeige möglicherweise ausprobiert habe, wie dies am besten funktionieren könnte. Denn die Beschaffenheit der Hautunterblutungen in Größe und Lage an den Oberschenkeln gleicht auf erstaunliche Weise Aufnahmen von Hämatomen, wie sie die Kripo im Juli 2010 auf dem Computer der Frau unter den gelöschten Dateien gefunden hat. Auf Nachfragen der Polizei sagt die Zeugin dazu, sie fotografiere mitunter zu Studienzwecken blaue Flecken.

Insgesamt überwiegt klar die Einschätzung der Fachleute, die Verletzungen seien wahrscheinlich beziehungsweise sehr wahrscheinlich selbst zugefügt worden.

Der erfahrene Experte der Hamburger Rechtsmedizin geht davon aus, es gebe „eindeutige Hinweise" auf eine Selbstverletzung. Ein überfallartiges Geschehen könne er ausschließen. Die Abdrücke an den Oberschenkeln seien sehr viel wahrscheinlicher durch Schläge mit einer Faust entstanden. Fleckförmige Abdrücke zum Beispiel von Handknöcheln etwa seien ziemlich gut erkennbar. Hätte Kachelmann auf das Opfer eingeboxt, hätte er dazu das Messer beiseitelegen müssen. Es bestünden, so der Rechtsmediziner, viele Anhaltspunkte für Manipulation.

Ein weiteres Thema der Begutachtung ist im Prozess auch erneut die Frage der Glaubwürdigkeit der Schilderungen von Christine E. Hier gibt es kein eindeutiges Ergebnis. Manche Experten für Psychologie sehen gerade in den Lücken und der teilweisen Detailarmut der Schilderungen einen Hinweis auf ein tatsächliches Geschehen. Denn traumatische Erlebnisse würden oft verdrängt. Andere Gutachter wiederum argumentieren, dass dramatische Ereignisse üblicherweise besonders fest in der Erinnerung blieben.

Und schließlich gibt es im Bereich der kriminalistischen Spurenanalytik ein Gutachten, das neue Zweifel an einem Tatgeschehen aufkommen lässt, wie es die Zeugin behauptet hat. Die DNA-Spuren am angeblichen Tatmesser sprechen laut einem Diplom-Biologen des Landeskriminalamts jedenfalls nicht dafür, dass Kachelmann es angefasst haben müsse, sondern vielmehr die Zeugin selbst.

Trotz der vielen Zweifel, die im Lauf der Beweisaufnahme zutage getreten sind, plädiert die Staatsanwaltschaft schließlich auf eine Verurteilung von Kachelmann. Die Schilderung des sexuellen Übergriffs und des Angriffs mit dem Messer seien detailliert und glaubhaft gewesen, argumentiert die Anklage. Sie beantragt eine Freiheitsstrafe von vier Jahren und drei Monaten. Die Verteidigung dagegen fordert Freispruch. Aus ihrer Sicht ist die Nebenklägerin eine betrogene und frustrierte Ex-Geliebte, deren Motiv Hass sei.

Das Urteil des Landgerichts fällt schließlich am 44. Verhandlungstag, dem 31. Mai 2011. Mehrere Menschen im Saal jubeln und applaudieren, als der Vorsitzende verkündet, der Angeklagte werde freigesprochen. Doch das, was als Begründung aufgeführt wird, wird von Kritikern als „Freispruch zweiter Klasse" gewertet. „Der heutige Freispruch beruht nicht darauf, dass die Kammer von der Unschuld von Herrn Kachelmann und damit im Gegenzug von einer Falschbeschuldigung der Nebenklägerin überzeugt ist. Es bestehen aber nach dem Ergebnis der Beweisaufnahme begründete Zweifel an der Schuld von Herrn Kachelmann. Er war deshalb nach dem Grundsatz ‚in dubio pro reo' freizusprechen", heißt es. Die Verdachtsmomente gegen Kachelmann hätten sich zwar im Laufe der Verhandlung „abgeschwächt, aber nicht verflüchtigt".

In einem persönlichen Schlusswort wendet sich der Vorsitzende an alle Anwesenden und die Medienvertreter: „Das menschliche Erkenntnisvermögen ist begrenzt. Wir entlassen den Angeklagten und die Nebenklägerin mit einem möglicherweise nie mehr aus der Welt zu schaffenden Verdacht – ihn als potenziellen Vergewaltiger, sie als potenzielle, rachsüchtige Lügnerin. Bedenken Sie, dass Herr Kachelmann die Tat möglicherweise nicht begangen hat, aber bedenken Sie auch, dass die Nebenklägerin möglicherweise Opfer einer schweren Straftat war. Unterstellen Sie die jeweils günstigste Variante für den Angeklagten und die Nebenklägerin. Nur dann haben Sie den Grundsatz ‚in dubio pro reo' verstanden."

Ein Freispruch also. Immerhin, könnte man meinen. Die Gefahr einer Gefängnisstrafe ist abgewendet. Aber das kann einen Mann, dem vorgeworfen wurde, über eine Frau brutal hergefallen zu sein, kaum zufriedenstellen. Rehabilitation sieht anders aus.

Kachelmann wehrt sich, auf seine Art. Im Jahr 2012 erhebt er vor dem Landgericht Frankfurt eine Schadenersatzklage gegen die Frau, deren Beschuldigungen ihm 132 Tage im Gefängnis eingebracht haben. Er fordert, sie müsse ihm einen fünfstelligen Betrag zahlen, einen kleinen Teil dessen, was er im Strafverfahren für Gutachterkosten ausgegeben hat. Denn das Geld habe er aufwenden müssen, um sich gegen ihre Falschbeschuldigungen zu wehren. Mit diesem Prozess geht die spektakuläre juristische Auseinandersetzung in die nächste Runde. Und viele glauben, dass es Kachelmann bei der Klage nicht vordringlich um das Geld geht. In sein Kalkül könnte auch eingeflossen sein: Wenn er diese Zivilklage gewinnt, könnte das als Nachweis gewertet werden, dass Christine E. seinerzeit gelogen habe.

Weitere „Munition" für das Zivilverfahren erhält Kachelmanns Seite durch das Gutachten eines Rechtsmediziners, der im Strafprozess nicht hinzugezogen worden war. Dieser kommt wie schon mehrere seiner Kollegen zuvor zu dem Ergebnis, die Art der Verletzungen würden dafür sprechen, dass Christine E. sie sich selber zugefügt habe. Trotzdem weist das Gericht im Dezember 2013 die Klage ab. Einen Monat später legt Kachelmann beim Oberlandesgericht Frankfurt Berufung ein. Seine Geldforderung hat er mittlerweile um einige Tausend Euro reduziert.

Das nun mit dem Fall befasste Oberlandesgericht beauftragt selbst einen weiteren Rechtsmediziner mit einem neuen Gutachten. Es ist der Leiter der Rechtsmedizin in Frankfurt, Marcel Verhoff. Die Ergebnisse seiner Untersuchung trägt der Experte im Januar 2016 vor: Zwar seien Verletzungen, wie sie bei der 36-Jährigen dokumentiert wurden, durch einen Unfall oder durch eine andere Person möglich. Allerdings: Die Kratzer und blauen Flecken an Hals, Bauch und Oberschenkel seien relativ oberflächlich und einheitlich gewesen und hätten sich jeweils an Orten befunden, die Rechtshänderin Christine E. mit ihrer Arbeitshand gut erreichen konnte. Damit seien die typischen Merkmale für Selbstverletzungen erfüllt gewesen.

Nach einer weiteren Beweisaufnahme verkündet das Oberlandgericht schließlich am 28. September 2016 das Urteil: Es verurteilt Christine E. zur Zahlung von mehr als 7000 Euro Schadenersatz plus Zinsen. Der Senat stützt sich dabei vor allem auf das Gutachten des Rechtsmediziners Verhoff. Bedeutsam sei ferner, so urteilt das Gericht, dass die Schilderungen der Frau zum angeblichen Vergewaltigungsgeschehen nicht mit den Verletzungen in Übereinstimmung zu bringen seien. Darüber hinaus wiesen ihre Aussagen für sich genommen erhebliche Defizite in der Plausibilität auf. In der Urteilsbegründung führt der Senat aus, er sei davon überzeugt, dass Christine E. ihren früheren Geliebten Kachelmann „vorsätzlich, wahrheitswidrig der Vergewaltigung bezichtigte". Der Kläger sei berechtigt, dass „die Kosten für die Einholung entlastender Gutachten nach einer Inhaftierung aufgrund falscher Anschuldigung (...) geltend gemacht werden" können.

Die Richter stellen klar, dass sich die Frau durch eine wissentlich unwahre Strafanzeige gegen Kachelmann der Freiheitsberaubung schuldig gemacht habe. Sie sprechen von einem „beachtlichen Fantasie- und Beharrungsvermögen" der Frau und davon, dass sie sich zur Bekräftigung ihrer Schilderung „selbst verletzte". Aus ihrer „aufgewendeten kriminellen Energie" folge, „dass es ihr darauf ankam, die Verhaftung des Klägers herbeizuführen". Rachemotive seien bei der Frau „jedenfalls nicht auszuschließen", so die Richter weiter. Sie habe sich von Kachelmann „gekränkt" gefühlt „und hegte Hassgefühle gegen den Kläger".

Das sind klare Worte, die Christine E. nicht gern gehört haben wird. Jahrelang hat sie auf ihren Beschuldigungen beharrt, bei der Polizei und im Gerichtsverfahren, und sie hat gut bezahlte Interviews gegeben. Ähnlich wie bei ihrem Auftritt im Strafverfahren hat sich die mittlerweile 42-Jährige bei der Urteilsverkündung vor dem Oberlandesgericht mit dunkler Sonnenbrille und Perücke maskiert. Darüber hinaus trägt sie einen Cowboyhut. Nachdem sie bei den Worten der Richter zunächst scheinbar beherrscht zugehört hat, bricht wenig später die Fassade zusammen: Sie nennt das Urteil einen „Justizskandal“. Den Vorsitzenden beschimpft sie in einem Statement, das sie wutschnaubend vor laufenden Kameras abgibt, als „befangen und frauenfeindlich“. Er habe mit seinem „ausschließlich männlich besetzten Senat“ ein „katastrophales Fehlurteil“ gefällt. Mit dem Urteil solle im „männerbündischen Täterstaat Deutschland“ ein Exempel statuiert werden, da Frauen im Kampf gegen sexuelle Gewaltattacken mutiger geworden seien.

Auch Wettermoderator Kachelmann kommentiert das Urteil im Anschluss. Er spricht von Dankbarkeit und davon, dass er das Vertrauen in den Rechtsstaat zurückgewonnen habe. Und er sagt: „Eine Verbrecherin schwingt sich zu einer Ikone des Feminismus auf. Das ist die größtmögliche Verhöhnung, die man echten Opfern von Vergewaltigungen zuteil werden lassen kann. Sie zieht die echten Opfer in Zweifel.“

Damit hat Kachelmann einen schlimmen, traurigen Aspekt dieses Prozesses auf den Punkt gebracht. Was ist mit den Frauen, die zu Recht einen Mann der Vergewaltigung beschuldigen? Christine E. hat mit ihren Lügen schweren Schaden verursacht, in vielfältiger Hinsicht.

Eine Zeitlang sieht es sogar so aus, als müsste sich die Frau selber noch als Angeklagte vor Gericht verantworten. Die Staatsanwaltschaft Mannheim leitet im März 2017 gegen sie ein Ermittlungsverfahren wegen des Verdachts der Freiheitsberaubung ein. Schließlich hat Kachelmann 132 Tage in Untersuchungshaft verbracht – zu Unrecht, wie man jetzt weiß. Doch schon sechs Monate später wird das Verfahren eingestellt. Die Begründung der Staatsanwalt: Die zahlreichen Gutachten im Straf- und im Zivilverfahren würden kein einheitliches Bild darstellen. Nicht einheitlich? Ein einziger Sachverständiger hatte beides für möglich gehalten, die Verletzung durch eine Vergewaltigung oder auch durch Selbstbeibringung. Sämtliche andere Experten hatten die Angaben des angeblichen Opfers zurückgewiesen.

Der Fall Kachelmann ist nicht der einzige, in dem ein Mann Opfer einer Falschbeschuldigung wurde. Auch in einem anderen Verfahren hat eine Frau Sex gleichsam als Waffe genutzt, um ein Verbrechen zu begehen. Fünf Jahre hat ein Mann eine Gefängnisstrafe wegen angeblicher Vergewaltigung abgesessen. Erst dann hat sich seine Unschuld herausgestellt. Da war es bereits zu spät. Es hat den Beschuldigten nicht nur seine Freiheit, sondern womöglich auch sein Leben gekostet.

Im August 2001 wurde der damals 42-jährige Lehrer Horst Arnold von einer Kollegin beschuldigt, sie in einer Pause in einem Schulraum anal vergewaltigt zu haben. Der Mann beteuerte immer wieder seine Unschuld, kam aber in Untersuchungshaft und vor Gericht, wo er am 24. Juni 2002 wegen Vergewaltigung zu einer Freiheitsstrafe von fünf Jahren verurteilt wurde. Arnold legte gegen die Entscheidung des Landgerichts Darmstadt Revision ein, die aber vom Bundesgerichtshof als „offensichtlich unbegründet" zurückgewiesen wurde. Der Pädagoge musste die gesamte Haftstrafe bis zum letzten Tag verbüßen. Das ist so üblich, wenn jemand die ihm vorgeworfene Tat konsequent bestreitet und sich weigert, Therapiegruppen für Sexualstraftäter zu besuchen, wie er es tat. Aber wie hätte er etwas gestehen und therapieren lassen sollen, was er nicht begangen hat? Doch man hat ihm nicht geglaubt.

Erst nach seiner Entlassung aus der Haft im Jahr 2007 fielen einer Mitarbeiterin der Schule, an der Arnold unterrichtet hatte, Ungereimtheiten bei der Aussage des angeblichen Opfers auf. In mehreren Passagen ihrer Vita hatte die 42-Jährige nachweislich gelogen. Schließlich erwirkte der neue Anwalt von Horst Arnold ein Wiederaufnahmeverfahren, in dem der Lehrer am 5. Juli 2011 freigesprochen wurde. Es stehe „ohne jeden Zweifel" fest, dass Arnold die Vergewaltigung nicht begangen habe, hieß es im Urteil. Von dem angeblichen Opfer sei ein Geschehen geschildert worden, das „an sich kaum glaubhaft" gewesen sei.

Zugleich übte die Kammer im zweiten Prozess erhebliche Kritik am ursprünglichen Urteil. Im vorausgegangenen Prozess seien „elementare Grundregeln der Wahrheitsfindung" verletzt worden.

Horst Arnold ist ein Justizopfer. Nicht nur, dass er unschuldig im Gefängnis gesessen hat. Er wurde nach seiner Freilassung zunächst für drei Jahre unter Führungsaufsicht gestellt, als angeblich gefährlicher Sexualtäter. Ein Stigma, das ihn weiter verfolgen, beeinträchtigen, sein weiteres Leben lähmen sollte. Als Lehrer konnte er nicht wieder arbeiten, weil das zuständige Kultusministerium ihm eine automatische Wiedereinstellung verweigerte. Es verlangte, er müsse sich neu bewerben. So lebte der unschuldige Mann bis zuletzt von Hartz IV. Ein Jahr nach seinem Freispruch fiel er vom Fahrrad, niedergestreckt durch einen tödlichen Herzinfarkt. Gerade dreiundfünfzig Jahre war der Mann da alt. Eine Auszahlung der Entschädigung, 25 Euro für jeden zu Unrecht erlitten Tag im Gefängnis, hat er nicht mehr erlebt.

Man kann durchaus einen Zusammenhang zwischen der Leidenszeit des zu Unrecht Verurteilten und dem tödlichen Infarkt vermuten. Seine Existenz war ruiniert durch fünf Jahre unschuldig im Gefängnis. Auch eine vollständige Rehabilitation hat er nie erhalten: Das kann einen Menschen zerstören, psychisch wie physisch.

Dass die Frau, die ihm das angetan hat, später auch vor Gericht gestellt wird, hat das Justizopfer Arnold nicht mehr erlebt. Im April 2013 wurde gegen die 42-Jährige Anklage wegen Freiheitsberaubung erhoben. Laut Staatsanwaltschaft hat sie bewusst erfundene Anschuldigungen gegen ihren Kollegen erhoben, um ihn festnehmen zu lassen. Sie habe ihn als Konkurrenten um einen von ihr angestrebten Posten ausschalten wollen. Im Prozess erzählten mehrere Zeugen, wie die Frau ihnen angeblich bedrohliche Situationen und Leidensgeschichten geschildert habe. Eine Bekannte der Angeklagten sagte aus, Anne L. habe behauptet, einen Kinderpornoring aufgedeckt zu haben. Deshalb schwebe sie in Lebensgefahr. Einer ihrer Ehemänner schilderte sie als dominant, kühl und an Geld sowie Prestige interessiert. Mehreren Zeugen gegenüber hatte die 42-Jährige auch behauptet, sie sei von allen ihren drei Ehemännern misshandelt worden, habe eine Fehlgeburt erlitten und eine Tochter bei einem Autounfall verloren. Von einem Partner sei sie die Treppe hinunter geschubst worden, während sie ihr Kind auf dem Arm hielt. Ein Verlobter habe im Einsatz gegen Al-Qaida einen Kopfschuss erlitten. Sie habe ihn gepflegt, aber er sei schließlich gestorben.

Ein psychiatrischer Sachverständiger stellte bei der Angeklagten ein „ausgeprägtes Bedürfnis nach Aufmerksamkeit und Zuwendung“ und wenig Empathie fest. Es gebe bei ihr Hinweise auf eine histrionische Persönlichkeitsstörung erheblichen Ausmaßes. Darunter versteht man egozentrisches, dramatisch-theatralisches, manipulatives und extrovertiertes Verhalten. Schließlich wurde gegen die Angeklagte wegen schwerer Freiheitsberaubung in mittelbarer Täterschaft eine Freiheitsstrafe von fünf Jahren und sechs Monaten verhängt – ein halbes Jahr mehr, als ihr Opfer Horst Arnold im Gefängnis gesessen hatte. Bei einem Strafmaß, das ein Jahr oder mehr beträgt, endet automatisch das Beamtenverhältnis. Auch erlöschen damit sämtliche Pensionsansprüche.

Die Zerstörung einer Existenz könne man mit dem Urteil nicht wieder gutmachen, sagte die Vorsitzende Richterin in der Urteilsbegründung. Horst Arnold könnten dadurch keine verlorenen Jahre zurückgegeben werden. „Deshalb kann dieses Urteil keine Wiedergutmachung sein." Auch nicht für die Angehörigen des Justizopfers, deren Leben durch die falschen Vergewaltigungsvorwürfe ebenfalls sehr belastet worden seien. Aber die Justiz würde sich „gerne bei ihnen entschuldigen".

Schuldig? Oder unschuldig?

Der sexuelle Missbrauch von Kindern ist in fast allen Gesellschaften tabuisiert. In Haftanstalten stehen die Täter am unteren Ende der Häftlingshierarchie, sie müssen vor Mithäftlingen geschützt werden. Sie laufen Gefahr, verprügelt oder gar umgebracht zu werden. Deswegen versuchen diese Häftlinge, im Knast anonym zu bleiben. Oder sie behaupten, andere als die tatsächlich von ihnen verübten Straftaten begangen zu haben.

Insofern verwundert es nicht, dass nur in wenigen anderen Rechtsgebieten die Taten so häufig bei der Begutachtung und Gerichtsverhandlung bestritten werden. Es gilt: Ein sehr weites Feld – Hellfeld und Dunkelfeld. Es gibt kindliche Opfer, die lange und zum Teil sehr schwer sexuell missbraucht wurden und ihr gesamtes weiteres Leben nachhaltig darunter leiden.

Zum Teil gibt es aber auch falsche Erinnerungen und falsche Beschuldigungen. Einerseits haben nicht alle

Angeklagten die ihnen zur Last gelegten Taten tatsächlich begangen, andererseits besteht ein sehr großes Dunkelfeld. Und viele Opfer leiden unter Sexualstraftaten, die niemals angezeigt wurden.

Ein besonderes Problem stellen die Taten dar, welche erst Jahre später erinnert werden (beispielsweise während einer Psychotherapie). Jene Taten, die dann öffentlich gemacht werden und gerichtlich zu beurteilen sind, wenn alles schon Jahre oder Jahrzehnte zurückliegt. Immer wieder stellt sich erst im Laufe einer Gerichtsverhandlung heraus, dass ein angebliches Opfer die Unwahrheit sagt und fälschlicherweise jemanden als Täter beschuldigt (Falschaussage, Meineid, Vortäuschen einer Straftat).

Ein extremes Beispiel für Fehleinschätzungen und Vorverurteilungen sind die größten Missbrauchsprozesse der deutschen Rechtsgeschichte, die sogenannten Wormser Prozesse. Dabei handelt es sich um drei zwischen November 1994 und Juni 1997 stattfindende Strafprozesse vor dem Landgericht Mainz, in denen fünfundzwanzig Personen des massenhaften Kindesmissbrauchs angeklagt wurden. Alle Prozesse endeten mit dem Freispruch der Beschuldigten.

Es gab Aussagen von sechzehn Kindern, aus denen abgeleitet wurde, dass es in Worms einen Pornoring gab. Die Kinder seien hin und her gereicht worden. Die Rede war von sadistischen Sexualhandlungen, Gruppentaten mit Videoaufnahmen und schwersten psychischen Folgezuständen. Dabei waren einige der Kinder zu den angeblichen Tatzeiten nicht einmal geboren; andere Übergriffe sollen stattgefunden haben, als die

Beschuldigten schon in Untersuchungshaft saßen. Viele dieser Kinderaussagen wurden im Zuge der Prozesse von Psychologen als glaubwürdig eingestuft. Von anderen wurden diese Gutachten dann eher als „Schlechtachten“ bezeichnet, weil überhaupt nicht berücksichtigt wurde, wie die Aussagen der Kinder zustande gekommen waren. Der in diesen Verfahren als Gutachter tätige Psychologe stellte nach Prüfung der Akten und den Befragungen der Kinder in der Hauptverhandlung klar, dass die Kinder zwar Opfer waren – aber nicht von sexuellem Missbrauch durch die angeblichen Täter. Sondern Opfer von sogenannten Kinderschützern und ihrer suggestiven „Aufdeckungsarbeit“.

Bei der Befragung der kindlichen Zeugen und der Beurteilung ihrer Glaubwürdigkeit wurden damals elementare Fehler gemacht. Durch eine unangemessene Befragung und (falsche) Schlüsse, die daraus gezogen wurden, wurden ganze Familien zerstört. Eine Großmutter starb vor lauter Kummer über eine falsche Beschuldigung gegen sie in der Untersuchungshaft. Eltern wurden über Jahre von ihren Kindern entfremdet, sodass sie nie wieder zusammenfanden. Einige Kinder wurden nachgewiesenermaßen so manipuliert, dass sie Wahrheit oder Einbildung oder falsche Erinnerung nicht mehr voneinander unterscheiden konnten. Sie bildeten sich dann ein, die Wahrheit zu sagen.

Immerhin führten diese fehlgeleiteten Wormser Prozesse und die Kritik an den Glaubhaftigkeitsgutachten dazu, dass der Bundesgerichtshof in einem Grundsatzurteil 1999 klare Kriterien dafür entwickelt hat, dass verbindliche Standards bei der Glaubhaftigkeitsbegutachtung festgelegt wurden. Die Psychologen präsentierten jetzt dem höchsten deutschen Strafgericht einen Katalog mit inhaltlichen Qualitätsmerkmalen von Aussagen, den sogenannten Realkennzeichen, anhand derer der Wahrheitsgehalt geprüft werden kann. Denn Lügen ist eigentlich enorm schwierig. Man kann eine Lüge etwa durch spezielle Fragetechniken erkennen, bei denen derselbe Sachverhalt aus verschiedenen Perspektiven erfragt wird. Es gibt kaum jemanden, der eine Geschichte, die er nicht erlebt hat, wiederholte Male glaubwürdig reproduzieren kann.

Auch bei Zeugen ist es elementar wichtig, Scheinerinnerungen zu erkennen und abzugrenzen. Wer wirklich an das glaubt, was er aussagt, obwohl es nie passiert ist, hat kein Bewusstsein für Wahrheit und Lüge.

In den USA wurden schon in den 1980er-Jahren erste unseriöse Überbewertungen des (angeblichen) sexuellen Missbrauchs in der Kindheit publik. Die Diskussion drehte sich um sogenannte „repressed memories“. Diese gaben auch für gezielte Anschuldigungen von Familienangehörigen innerhalb von Prozessen einiges her und haben manche Familien für immer zerstört, weil die (angeblichen) Täter gnadenlos ausgegrenzt wurden.

In geradezu extremer Form geschah dies dann auch in Deutschland, im Emsland. Vater und Onkel der einzigen Belastungszeugin (des angeblichen Opfers) wurden wegen mehrfacher Vergewaltigung zu langjährigen Freiheitsstrafen verurteilt. Die Überzeugung des Gerichts von der Schuld der Angeklagten ersetzte bei der Verurteilung die eigentlich geforderten Sachbeweise und nachvollziehbaren Zeugenbekundungen. Die Journalistin Sabine Rückert hat diese nachdenklich stimmenden – andererseits bedrückenden, skandalösen – Prozesse in ihrem Buch „Unrecht im Namen des Volkes“ aufgearbeitet.

Ein Paradebeispiel für eine falsche Zeugenaussage sowie Irrwege von Gutachtern (in diesem Fall auch der Rechtsmedizin) stellt auch der Fall von Jörg Kachelmann dar. Seinerzeit wurde im Prozess vor dem Landgericht Mannheim von den Gutachtern der Verteidigung eindeutig auf selbst beigebrachte Verletzungen der Zeugin, auf die Kachelmann entlastende Spurenlage am angeblichen Tatmesser sowie insgesamt eine intentionelle Falschaussage hingewiesen.

Kachelmann hat dies zum Freispruch verholfen, nicht allerdings zu einer vollständigen Rehabilitation in der Öffentlichkeit. Kachelmann selbst hat hierzu in seinem Buch „Recht und Gerechtigkeit“ bittere Worte gefunden. Er sei davon überzeugt, dass mehr als die Hälfte der angezeigten Vergewaltigungen nicht real sei. „Es ist eine furchtbare Schere: Die Mehrheit der Vergewaltigungen wird nicht angezeigt. Die Mehrheit der Anzeigen sind Falschbeschuldigungen.“

Laut der Menschenrechtsorganisation Terre de femmes enden weniger als zehn Prozent der Ermittlungsverfahren wegen eines Sexualdelikts auch in Ländern mit einem gut etablierten Rechtssystem letztlich mit einer Verurteilung. Die Verfahren sind im Hinblick auf eine eindeutige Beweisführung extrem schwierig. Rechtsmediziner in Hamburg haben diesen niedrigen Prozentsatz von letztlich verurteilten Vergewaltigern bestätigen können. Damals wurden Fälle von jugendlichen Opfern untersucht. Es ist zu betonen, dass eine möglichst frühzeitige rechtsmedizinische Untersuchung der Opfer die Wahrscheinlichkeit, dass ein Täter überführt und verurteilt werden kann, erheblich erhöht. Denn die Probleme der Beweisführung hängen zusammen mit fehlenden Zeugen, zeitlich verzögerten Anzeigen und viel zu später sowie unzureichender rechtsmedizinischer Untersuchung des Opfers mit professioneller Dokumentation und Spurensicherung. Und im Hinblick auf die Gewaltsamkeit des Verkehrs steht – insbesondere bei geringen oder fehlenden Verletzungen des Opfers – Aussage gegen Aussage. Diese Aussagen stehen nicht selten im diametralen Gegensatz zur Darstellung des Angeklagten, jedenfalls dann, wenn es sich nicht um ein überfallartiges Geschehen handelt.

Es ist dies eine sehr schwierige Gratwanderung, die zu erfolgen hat zwischen Vernachlässigung und Überschätzung, zwischen Bagatellisierung und Politisierung, zwischen Idealisierung der Opfer und Dämonisierung der Täter.

In den USA hat sich in den letzten Jahren die „Me too“-Debatte entwickelt. Sie begann 2017 mit dem Filmproduzenten Harvey Weinstein, dem mehr als achtzig Frauen sexuellen Missbrauch bis hin zu Vergewaltigung vorwarfen. Die „Me too“-Bewegung führte dazu, dass Persönlichkeiten des öffentlichen Lebens und Personen mit herausgehobener gesellschaftlicher Position mit fortgesetzten Vorwürfen wiederholter und zum Teil lang andauernder ausgeprägter sexueller

Übergriffe bezichtigt werden. Die Anzeigenden sind in der Regel ehemals von ihnen Abhängige und/oder eher flüchtig bekannte Menschen.

Eine ähnliche Diskussion gibt es schon seit vielen Jahren auch im Hinblick auf die Kirche und Geistliche sowie bestimmte Schulformen, speziell Internate, und Heime. Auch diesbezüglich wurde zum Teil erst nach Jahrzehnten durch frühere Opfer offenbart, dass sie zumeist als Kinder missbraucht und durch Züchtigung, Drogen und Angst eingeschüchtert wurden. Die katholische und die evangelische Kirche haben den vielfachen jahrzehntelangen Missbrauch inzwischen eingeräumt.

Soziologisch und psychologisch sind derartige Fallkonstellationen breit öffentlich analysiert und bewertet worden. Die Aussagen der Zeugen sind unterschiedlich gut nachvollziehbar, werden aber nicht prinzipiell angezweifelt, sondern gelten als wahr. Als Täter verurteilt wurden beispielsweise hohe kirchliche Würdenträger und ehemalige Schuldirektoren und Heimleiter. Körperliche Untersuchungen mit einer Dokumentation von Verletzungen sowie eine Sicherung von Spuren der körperlichen Übergriffe hat es in diesen Fällen in aller Regel nicht gegeben. Insofern bleibt die objektive Beweislage im Einzelfall schwierig. Dass es diese Phänomene jedoch gegeben hat und immer noch gibt, ist ein nicht wegzudiskutierendes Faktum.

Dasselbe gilt auch für gewalttätige Übergriffe im Zusammenhang mit kriegerischen Auseinandersetzungen sowie in unsicheren Gebieten ohne staatliche Ordnung und Gesetze. Hier setzen sich die Stärkeren gerade auch im Hinblick auf die Realisation sexueller Bedürfnisse durch, ohne Rücksicht auf die Opfer und deren Angehörige. Immerhin gibt es Ansätze, diesem Treiben Einhalt zu gebieten und es zu sanktionieren. Dafür steht beispielsweise der Internationale Gerichtshof für Menschenrechte sowie die UN-Resolution gegen Sexualverbrechen im Zusammenhang mit Kriegshandlungen, die durch Deutschland in die UN eingebracht und auch verabschiedet wurde.

Es gibt verschiedene langfristig angelegte Ansätze in der Strategie und Perspektive der Behandlungsmöglichkeiten entstandener Schäden. Insgesamt gibt es bisher jedoch nur eher noch unbefriedigende Ansätze zur Primär- und Sekundärprävention im Hinblick auf sexuelle Gewalt und ihre Folgen. Im Prinzip folgen die therapeutischen Maßnahmen der PTBS-Forschung, im Sinn der Behandlung von Posttraumatischen Belastungsstörungen.

NACHWORT UND DANKSAGUNG

Als Rechtsmediziner, als Polizist, als Jurist und auch als Gerichtsreporterin erlebt man immer wieder, wie häufig und wie stark bei Verbrechen die sexuelle Motivation ist. Im Laufe eines Berufslebens begegnen uns zahllose Fälle, die unter die Rubrik „Sex and Crime“ fallen – und so viele Varianten, wie es sexuelle Triebfedern gibt. Aus der nahezu unendlichen Fülle der Fälle sich auf einige wenige, möglichst prägnante zu konzentrieren, war notwendig. Sex and Crime: Wir wollten diesem weit gefächerten Thema möglichst umfassend gerecht werden. Daher haben wir auch neben den neuen Fällen zwei ausgewählt, die der Leserin und dem Leser aus unseren früheren Büchern „Tote schweigen nicht“, „Tote lügen nicht“ und „Der Tod gibt keine Ruhe“ bekannt sind. In „Sex and Crime“ haben wir alle dargestellten Fälle, alle Taten, Täter und Opfer jedoch aus einem speziellen Blickwinkel betrachtet: Jetzt stehen das deviante Sexualverhalten sowie das bizarre Sexualverbrechen als zentrale Botschaft im Hinblick auf die Ursache von Kriminalität im Fokus.

Denn Sex bewegt die Welt. Und zwar ganz vordergründig im positiven Sinn. Sex bedeutet vor allem Zukunft, Fortschritt, genetische Weiterentwicklung, Freude am Leben. Jedoch: Es gibt auch eine sehr dunkle Seite, die wir mit der gebotenen Eindringlichkeit schildern wollten, indem wir über Sachverhalte und Hintergründe aufklären. Ohne Sexualverbrechen hätte die Rechtsmedizin sicher deutlich weniger Fälle. Auch Polizei, Staatsanwaltschaft, Gerichte sowie Zeugenschutzprogramme und spezielle sexualmedizinisch-psychiatrische Gutachter und Gutachterinnen sowie Gerichtsberichterstatter hätten weniger zu tun, wenn es nicht auch die dunkle Seite beim Sex gäbe.

Wir wollen an dieser Stelle noch einmal einen Vorschlag unterbreiten, der immer wieder mit leidenschaftlichen Kommentaren im Hinblick auf unsere freiheitlich-demokratische Grundordnung abgeschmettert wird: Wenn es eine umfassende DNA-Datenbank gäbe, in der dann auch alle Sexualstraftäter gespeichert wären, könnte man Sexualverbrechen in der Regel sehr viel schneller aufklären. Dies wäre zugleich eine sehr überzeugende Maßnahme der Prävention. Es gäbe weniger Opfer. Die Täter würden schneller gefasst, weniger Unschuldige würden beschuldigt werden. In kriminalistischer Hinsicht ginge alles schneller und besser.

Dem immer wieder befürchteten Missbrauch einer solchen Datenbank könnte man ohne Weiteres durch Einschränkungen und Vorsichtsmaßnahmen begegnen. Eine eventuelle Ausforschung und den oft als Gegenargument angeführten „Überwachungsstaat“

könnte man vermeiden, wenn vor einem Zugriff auf die – codierten und verschlüsselten! – Daten ein richterlicher Beschluss erfolgen müsste. All die Daten derjenigen, die keine schweren Straftaten begehen, wären somit sicher.

Ein Hinweis zu den Personen, die in den einzelnen Kapiteln vorkommen: Die Namen ausnahmslos aller Opfer haben wir zu ihrem Schutz geändert, ebenso die Namen der meisten Angeklagten. Allein in den Fällen der Säurefassmorde, des sogenannten Heidemörders Thomas H. und im Zusammenhang mit dem Prozess gegen den Wettermoderator Jörg Kachelmann haben wir auf eine Änderung der Namen verzichtet. Diese Fälle sind bundesweit und teilweise sogar international bekannt und es wurde bereits sehr viel darüber geschrieben – stets mit Nennung der echten Namen.

Zum Abschluss der Arbeit an unserem Buch danken wir wiederum dem Team im Institut für Rechtsmedizin am Universitätsklinikum Hamburg-Eppendorf, speziell den Kolleginnen und Kollegen, die bei der Aufarbeitung der Fälle behilflich waren.

Danke an alle Kriminalbeamtinnen und Kriminalbeamte, die die hier geschilderten Fälle bearbeitet und aufgeklärt haben. Für Sexualstraftaten gibt es am Landeskriminalamt neben der Mordkommission (LKA 41) eine hoch kompetente Spezialabteilung (LKA 42). Danke auch an alle Staatsanwälte, die als Ermittler und Ankläger die Täter vor Gericht gebracht haben, und danke an alle Richter, aus deren mündlichen Urteilsbegründungen wir zitiert haben.

Unser besonderer Dank gilt unseren Verlegern, Marita Ellert-Richter und Gerhard Richter, sowie unserem Lektor Werner Irro. Dies ist ein sehr inspirierendes Team. Die Kooperation ist aus unserer Sicht vorbildlich. Ferner möchten wir uns bei den Kollegen vom „Hamburger Abendblatt“ für ihre Unterstützung bedanken.

Wahre Geschichten, die spannender, schockierender und monströser sind als jeder Krimi

Klaus Püschel / Bettina Mittelacher
Der Tod gibt keine Ruhe
Faszinierende Fälle aus der Rechtsmedizin
328 Seiten
978-3-8319-0735-9

Warum musste ein Mensch sterben, so plötzlich und völlig unerwartet? Was musste das Opfer ertragen? Was genau ist in den letzten Augenblicken seines Lebens geschehen? Rechtsmediziner Klaus Püschel, seit vier Jahrzehnten international gefragter Experte seines Fachs, hat alles gesehen, analysiert und rekonstruiert, was Menschen anderen Menschen antun. Und Gerichtsreporterin Bettina Mittelacher hat in zahllosen Prozessen mit angehört, wie Menschen zu Gewaltverbrechern wurden und durch welche Hölle ihre Opfer gegangen sind.

Tote schweigen nicht
256 Seiten
978-3-8319-0660-4

Tote lügen nicht
288 Seiten
978-3-8319-0702-1

Klaus Püschel / Martin Erftenbeck / Annette Marquardt
Wahrheit
Tote haben Recht(e)
296 Seiten mit 20 Fotos
978-3-8319-0750-2

Was macht erfolgreiche Ermittlungsarbeit aus? Anhand von realen Fallgeschichten wird erstmals gezeigt, wie Staatsanwaltschaft, Kriminalpolizei und Rechtsmedizin zusammenarbeiten, um Kapitaldelikte zu lösen. Wenn ein Mensch getötet wurde, braucht es den Sachverstand aller drei Professionen, um die Wahrheit herauszufinden.
Der Täter, der sich wahnhaft verfolgt fühlt, ein zynisch kalkulierender Mörder, die Polizistin, die selbst zur Täterin wird, oder der belastende Fall des Serienmörders, der zwanzig Jahre lang sein Unwesen treibt – diese und weitere Fälle wurden von dem Autorenteam in gemeinsamer Arbeit gelöst. Ihrer Hartnäckigkeit ist es zu verdanken, dass auch Täter von sogenannten Cold Cases endlich ihrer Strafe zugeführt werden konnten.
Das Buch vermittelt uns ein neues Verständnis von professioneller Ermittlungsstrategie. Ein so tiefer Einblick in die Puzzlearbeit der Aufklärung von Mordfällen hat bislang gefehlt.

Bibliografische Information der Deutschen Nationalbibliothek
Die Deutsche Nationalbibliothek verzeichnet diese Publikation in der Deutschen Nationalbibliografie; detaillierte bibliografische Daten sind im Internet über http://dnb.d-nb.de abrufbar.

ISBN 978-3-8319-0756-4

Text: Prof. Dr. Klaus Püschel, Bettina Mittelacher, Hamburg
Coverfoto: ©AungMyo - stock.adobe.com
Lektorat: Dr. Werner Irro, Hamburg
Gestaltung: BrücknerAping, Büro für Gestaltung GbR, Bremen
Gesamtherstellung: CPI books GmbH, Leck

www.ellert-richter.de
www.facebook.com/EllertRichterVerlag